屏幕时代，重塑孩子的自控力

[加]希米·康（Shimi K. Kang）著　张晶 译

THE
TECH
SOLUTION
CREATING HEALTHY HABITS
FOR KIDS GROWING UP
IN A DIGITAL WORLD

上海社会科学院出版社
SHANGHAI ACADEMY OF SOCIAL SCIENCES PRESS

扫码领取本书配套音频（0.99元）
20分钟即可掌握本书精华

献给我亲爱的父母，

吉安·考尔和马尔基亚特·辛格·康。

感谢你们引领我走向身心合一、

服务社会和积极向上的价值观。

愿所有父母以此真理滋养子女。

认识你自己，爱你自己！

❦

Know thyself. Love thyself.

前　言
Introduction
如何以健康积极的方式使用科技？

　　无论我身居何处，温哥华、上海、奥克兰，还是纽约，总会被问到同样的问题：面对电子屏幕的时间到底多长才合适？我怎样做才能限制孩子过多地使用科技产品？电子游戏对孩子到底是好还是不好？我该不该给9岁的孩子一个苹果手机？

　　事实上，我猜想这就是你选择这本书的原因：从直观上来说，你可能感觉到了数字技术对孩子的行为和情绪会产生影响。你的直觉很可能在向你发出信号，而且理由很充分，那就是：嗯，好像有些不太对劲。这个警示性的信号既响亮又清晰。举个例子，你儿子玩电子游戏的时间越长，他看上去注意力就变得越发容易分散，人也越来越沉默寡言、暴躁易怒。经常在社交媒体上看到朋友们的日常晒图，似乎会让你十几岁的女儿情绪低落。你家那个15岁的孩子，手机总是因为通知和提醒振动个没完，但他似乎从来没有任何朋友到家里来做客。

　　即使如此，你还是看见过类似这样的标题："对孩子们来说，看电子屏幕或许并不比吃薯条糟糕"（福布斯），或者"父母对屏幕时间限制多，孩子在大学表现差"（某公司），又或者"孩子使用社交媒体对幸福感的影响'微乎其微'"（《卫报》）。它们都在向你保证，没有什么可担心的。

这些只是关于科技对我们孩子影响的一些相互矛盾的信息。事实证明，一些怀疑和困惑是由那些向我们的孩子出售电子产品、让他们沉迷于他们的平台和应用程序的人播下的。最近，在一所大学举办的研讨会上，和我一起发言的一位讨论组的成员认为，有关技术对孩子负面影响的可怕程度被过分渲染了。结果发现，她的研究得到了一家国际互联网巨鳄的部分资助。几年前，有消息传出，Facebook正在考虑允许13岁以下的孩子使用，ConnectSafely* 的董事们对这一举动表示赞许。后来发现，这个组织背后的资金支持者不是别人，正是Facebook。

与此同时，还有一种危言耸听的标题，传达的信息则完全不同："面对电子屏幕正在使孩子们变得喜怒无常、缺乏理智、懒惰成性"（《今日心理学》），"有关屏幕与孩子的关系，硅谷开始出现不太好的共识"（《纽约时报》），"父母放任孩子玩了一年手机，孩子的视力毁了"（《纽约邮报》）。这些相互矛盾，常常是极端对立的信息，足以让人头晕目眩。难怪父母们觉得无所适从。

科技对儿童和青少年的影响不能简单地用"好"或"坏"来判断。现实情况要微妙得多。如果使用不当，科技产品会对儿童和青

---

* 编者注：ConnectSafely 是一家位于加州硅谷的非营利组织，致力于向现代数字通信使用者推广网络安全与隐私方面的知识。

少年造成极大的伤害；但如果使用得当，则会带来难以置信的好处。

作为一名哈佛培养出来的、以研究青少年成瘾问题为专业的精神病学家，我在过去 20 年里，一直致力于儿童的健康、幸福及驱动力的研究。在过去的 10 年，我的研究内容又增加了一项，那就是研究电子屏幕对心智发育的影响。我可以向你保证的是，从一方面来看，科技对人的影响已经表明得足够清楚。对"Z 一代"，即那些出生于 1995 年到 2012 年的孩子调查数据，的确令人心生寒意。他们缺乏自信，不愿冒险，不愿学习驾驶，不愿正视霸凌。他们中的抑郁和自杀率在过去 10 年猛增，几乎赶上了智能手机增长的势头，焦虑和孤独感已经达到危机程度。事实上，世界卫生组织预测，这一代将面临的头号健康流行病是孤独。想一想吧，孤独！鉴于青少年心理健康状况的急剧恶化，美国儿科学会呼吁对 12 岁的青少年进行普遍的心理健康筛查。因此，我的诊断是这是当务之急：我们养育的这代人，正处于有记录以来最严重的心理健康危机的边缘。

然而，如果科技真的一无是处，你就不会看到一群全情投入的孩子，在 2019 年 9 月，以全球性大罢工的方式，发动了史上最大规模的有关环境问题的抗议。你也不会看到一群来自佛罗里达州玛乔丽·斯通曼·道格拉斯高中的青少年，作为 2018 年校园枪击案的幸存者，组织了全国性的辍学日，以抗议枪支法的管理松懈。没有社交媒体，知名播主杰伊·谢蒂（Jay Shetty），脱口秀主持人莉莉·辛格（Lilly Singh），或艺术家露比·考尔（Rupi Kaur），就不可能凭空出现。随着你的孩子开始了解博客、视频播客及社交媒体，他们在获取技能，获取动力，以发现、提升、完善他们真实的心声，并向全世界传达。

  问题在于，我们没有足够的时间去搞明白，我们的孩子怎样才能够安全地与科技互动。大脑的发育在青春期突然加速，这段时期恰恰与沉溺于电子屏幕的时间相吻合。此时，被称为大脑"控制中心"的大脑额叶还没有完全发育成熟。正是这部分大脑会问我们，"这真的是个好主意吗？""从长远来看，会产生什么样的后果？"与此同时，年轻人的大脑会因为爱冒险、追求新奇、同伴崇拜和社会联系而受到刺激和奖励。一边是作为冒险、猎奇、获得同伴赞赏等回报的高速发育期，一边是尚未发育完全的关乎长远规划和对后果理解力的神经系统，这两者的结合导致混乱、艰难，甚至是毁灭。此外，新的应用程序、社交平台和电子设备以令人目不暇接的速度涌入市场，这使得我们很难进行研究工作，以及给我们的青少年提供及时的建议。

  作为父母和教育工作者，我们工作的一部分就是让我们的孩子为他们即将步入的世界做好准备。比如，为了让他们养成一生健康的饮食习惯，我们监督他们的饮食，帮助他们了解健康食物和垃圾食品的区分。现在对于科技，我们也要做同样的事情。也就是说，我们要帮助孩子从小开始了解，在他们所消费的科技产品与他们的思考、感受及行动之间，存在着怎样的联系。我们需要教会孩子，能提升大脑的科学技术，就像能提升大脑的食物一样，将会引领他们走向健康与幸福。而有害的科技，包括某些电子游戏和社交媒体平台，将会使他们情绪低落，焦虑不安。但接触少量的垃圾科技，不管它是电子游戏还是低劣的电视节目，就像偶尔吃一点垃圾食品，并不会害死他们！

想要了解如何引导孩子健康、平衡地去使用科技，就需要从根本上了解孩子们是如何被科技影响的。了解不同的媒体与应用软件是如何吸引孩子们的注意力，让他们有感觉，并且改变他们的大脑和行为的。这便是你在这本书中要学到的东西。我保证，它绝不像听起来那么令人畏惧。

如何使用这本书

无论你是父母、祖父母、教师、治疗师、教练，或其他任何在孩子生命中十分重要的人物，这本书对你来说都十分合适。为简单起见，我倾向于通篇使用"父母"这个词；但是千万别搞错，我针对的是所有正在从事养育、扶持孩子这项既艰辛又重要的工作的人。虽然这本书中提到的有关优化人类大脑的科学与实践普遍适用于任何年龄段，但我特别关注的是从出生到25岁这段时期。这是一段得到科学认定的大脑发育的巅峰时期，大脑伴随着青春期发生的巨大变化。比如当我谈到电子游戏或社交媒体时，你可能觉得我的建议是为十几岁的孩子量身定制的。其他时候，你可能又发现有些解决方案针对的是年龄更小的群体。但这应该不妨碍你对我的建议加以调整，以适应你的孩子及他们所处的阶段。因为你是最懂得该怎样跟你的孩子进行交谈的人，也是最懂得随着他们的成长与改变来调节谈话方式的人。本书中所提的建议意在构建模块，如果你想要继续与孩子共处，那么年复一年以这些建议为基础，你将会获得很好的结果。

在接下来的几页，我将简化本书中所提到的神经系统科学基础知识，并提供给你多种策略，来引导你的孩子走向正途。我的目标是用你能够运用的知识来武装你，帮助你的孩子远离那些让他们精神紧张、性情乖戾、不可自拔、焦虑不安、沮丧抑郁的科技垃圾，拥抱一份更健康的科技套餐，这将会提升他们的健康、创造力、幸福感和与他人的关系。

正如我想提醒各位父母的，我们不需要担心科技可能会伤害我们的孩子。其实，如果你按照这本书中列出的解决方案去做，你的孩子将学会以健康、积极的方式去使用科技，这有助于他们适应生活抛给他们的各种麻烦。正像我们在新冠肺炎流行期间所学到的，积极正面地去使用科技，是使现代世界兴旺发达的重要因素。

第一章介绍的是有关科技如何影响大脑发育的科学，包括对孩子健康、行为和性格的影响。第二章探究的是儿童时期养成的习惯如何为孩子未来的行为奠定基础。我想要说明的是，充分利用孩子的性格形成时期，尽你所能去引导他们养成健康的习惯，对他们是多么重要。

第三章我将开始解释科技是如何精确地影响我们孩子的大脑的，以及我们应该如何应对这些影响。在这里，我们将研究电子游戏、社交媒体、小工具、应用程序是如何设计的，它们通过什么途径为年轻的大脑奖励多巴胺，像胶水一样将他们死死粘在屏幕上。但是除了让你了解成瘾与奖励循环是如何工作的之外，我还要教给你如何保护你的孩子免受科技上瘾之苦。第四章我们将深入研究电子屏幕对发育中大脑的危害。我将展示的是，电子屏幕通过促进激素皮质醇的释放，以很多方式引发孩子紧张和焦虑的水平。你会了解到什么是压力反应，怎样在你的孩子身上辨别出压力反应，并且学会引导你的孩子掌握积极的应对技能。

然而，科技的影响并不都是坏的，如果运用得当，人们也能从科技中获益良多。在第五章，我们要学习如何帮助孩子提升他们的心理、身体及精神健康。健身追踪器、感恩应用程序、音乐播放列表等，就是给我们的部分答案。但是我们也需要推动孩子对他们的线下日常生活做出改变。第六章探讨的是人类对于沟通与联系的基本需求，探讨科技在帮助孩子建立联系时特有的振奋人心的方式，它甚至扭转了在青少年中出现的令人恐惧的新动向——孤独与抑郁。第七章我们要学习的是，科技如何通过开发孩子们的特性及个人天赋，来帮助他们培养才能，促进创造性，并确定奋斗目标。

在介绍了科技是如何影响孩子的情绪及行为方式之后，我将把它们整合于第八章，目的是提供给你一个实用的六步计划，来应对当今父母在养育孩子的过程中面临的最重要的问题。最后，我们将在第九章展望未来，思考在这个被数字技术颠覆的时代，如何才能使我们的孩子茁壮成长。这就意味着要教会他们批判性地思考，有意识地适应。

通过这些方法，对于你的孩子正在使用的科技产品是如何对他们施加影响的，怎样为你的家庭制订一份健康的科技套餐，你将会有更加深入的认识。想要在数字世界里游刃有余，关键是要了解自己。我的意思是真正了解自己，了解我们的身体和大脑是如何工作的，是什么让我们开心、紧张、绝望、兴奋。这些知识有助于我们以一种全新的、强大的方式来照顾自己，并教会我们的孩子也这样去做。身处这样一个了解与关爱的位置，我们就能为孩子，同时也为自身，爆发出一种有关快乐、创造和满足的新能量。本书为这个过程提供了框架，以及神经系统科学知识和指导。如同一粒种子会长成参天大树，我们每个人都有成长与勃发的潜力。在这个千变万化的现代世界，我们与科技的关系将是这个成长过程中的一个重要方面。

目 录
CONTENTS

前 言 如何以健康积极的方式使用科技？/ i

01 颠覆
科技如何影响孩子的大脑和行为 / 1

02 成功的路径
习惯在帮助孩子发挥最大潜能方面的力量 / 17

03 瘾君子
多巴胺与如何管理科技使人上瘾的力量 / 47

04 压力
皮质醇和让孩子从生存模式转向成长模式 / 91

05 追求健康
内啡肽和在失衡的世界里找到平衡 / 127

06 生而相连
催产素和科技如何帮助孩子建立团队精神 / 167

07 创造的本能
血清素和怎样帮助你的孩子掌握他们的未来 / 205

08 直觉
给你的家庭一份健康的科技产品使用套餐 / 237

09 一个全新的世界
人类进化的下一步 / 279

家庭屏幕使用备忘录 / 293

致 谢 / 296

01

颠覆

科技如何影响孩子的
大脑和行为

只有上帝知道他在对我们孩子的大脑做些什么。

——肖恩·帕克（Sean Parker） Facebook 创始人、前总裁

有一天，我和家人出去吃饭，注意到一个既熟悉又令人不安的场景。首先是坐在我们旁边的那对甜蜜的年轻情侣，刚一落座，还来不及浏览菜单，就掏出手机，整个就餐过程中他们一直在频频注视手机。

尽管如此，比起附近的三口之家，这小两口还算好的。那三个人中，父亲和儿子看上去花了更多时间在他们的电子设备上，而不是相互倾听或交谈，留下母亲独自发呆。前面不远处，一个还穿着背带裤、满头鬈发的小宝宝蜷缩在平板电脑前，这电脑可能是她父母的，甚至也有可能是她自己的。就在我们用完餐正要离开时，一个边走边看手机的少年，一头撞上了服务员，为这个夜晚画上了完美的句号。

千万别误会，我不是勒德分子（Luddite，指强烈反对自动化的人）。我热爱科技产品。我的手机是我的研究助手、照相机和冥想导师。它告诉我要准时参会，提醒我为孩子预约牙医，甚至在我伏案久坐时鼓励我站起来走走。但是我也喜欢将它关机，然后和我的丈夫出去散步，读一本好书，或和我的家人度过一个不被打扰的夜晚。

从饭馆到卧室，从汽车到教室，电子屏幕成为绝大多数人生活中不可避免的一部分。回到我们与电子屏幕浪漫共处的和平年代，我们认为智能手机做什么都不会出错。我们对每一个新出现的应用程序都笑脸相迎，不管它是 Uber 打车、糖果消消乐、Tinder 约会，还是照片分享。我们带着迫不及待的兴奋，忠诚地将它们下载到手机里。但是现在我们了解的比以前多了。这些新工具不再像之前它们看上去那么人畜无害。由于没有阅读细则，我们并没有意识到这些工具正在获取我们的信息，并且在网上追踪我们。我们现在知道，科技常常操纵着我们的决定，对我们如何行动和如何感知发号施令。我们还知道，科学家们正在记录婴儿接触屏幕时间过多带来的可测量的大脑变化。

由美国心理学会（The American Psychological Association）汇编的 2017 年度《美国人的压力》（*Stress in America*）报告提及，48%的父母表示，管理孩子的电子屏幕使用时间是一场持久战；58% 的人担心社交媒体会对孩子的生理及心理健康产生双重影响。我们关心孩子，同时我们也知道，我们自己目前同科技产品的关系已经变成了一种恶性循环。随着我们越来越多地任由智能手机控制我们如何打发时间，如何感知，如何行动，我们中太多人开始放任孩子走上和我们一样的路。

对手机的痴迷是如此普遍，以至于都有了自己的专属词汇。那天晚上在餐厅所有坐在我们周围的人都是"低头族"。科技产品的干扰，使那个痴迷于平板电脑的小宝宝对妈妈的话充耳不闻，直到妈妈大发脾气。而那个撞上服务员的男孩就是所谓的"手机僵尸"。"低头族"成员，就是那些在走路时还坚持用手机发消息、玩游戏的人。为了确保这些人的安全，在中国的重庆和西安，政府甚至给他们修建了单独的道路。

我们离开餐厅时，被服务员拦住了。她告诉我们，看到我们一家人在整个就餐过程中真真切切地交谈是多么美好的一件事。她记不清上次看到这样的情景是什么时候了。她说，如今的孩子和父母都把注意力集中在各自的屏幕上。听到这些，我感到一阵令人毛骨悚然的担忧，但同时也并不觉得意外。

科技是如何影响我们的孩子的

给"低头族"修建专门的道路，这听起来可能有点极端，但目前大多数青少年每天要查看手机 150 次；也就是说，每 6 分钟一次。把这些时间加在一起，他们一天花在手机上的时间超过 7 小时，这还是排除了他们在学校和做作业的时间！正如纽约大学市场营销学教授亚当·阿尔特（Adam Alter）指出的，这意味着在我们孩子的人生历程中，他们至少要花七年的时间沉溺于手机。好好想想吧，该死的七年！考虑到使用时间还在不断延长，我觉得最终所花的时间肯定远远超过这个数字。

我们的孩子使用科技产品，可以说是在不断被鼓励中使用的——来往于四五个打开的应用程序，不用脑子地滚动着取之不尽的信息，背景是正在直播中的篮球比赛。毫无疑问，这对他们发育中的大脑来说是不健康的。这意味着他们的大脑总是在忙个不停，这会使他们趋于被动反应和神经质，让他们觉得无所适从，焦虑不安。有智能手机在手，他们中的很多人从不需要记住任何东西，不需要提出一个新点子，也不需要考虑怎么摆脱无聊，甚至不需要学习坐下来放空自己。

新的研究甚至表明，智能手机和电子屏幕有可能改变孩子大脑的结构和功能。2019 年，美国医学会出版的杂志《儿科》(*JAMA Pediatrics*)发表了一份令人担忧的研究，通过对大脑的扫描显示，初学走路的孩子如果在屏幕前的时间过长，大脑中的髓鞘形成水平会比较低，或者说会出现"脑白质异常"。进一步的研究显示，他们的读写能力与语言能力也比较低。

髓鞘（因为颜色发白，常被称为脑白质）是形成于神经细胞轴突周围的一层脂肪性绝缘组织。就像包裹电线的绝缘层一样，髓鞘起着保护神经元的作用，能够帮助神经信号（电信号）更快速、更精准地传导。大概在宝宝出生后 18 个月左右，连接布鲁卡语言区和威尔尼克语言区的神经通路开始充分髓鞘化。这两个语言区作为两个关键的皮质区，分别主导着人类语言的产生与对语言的理解。这就是宝宝从能够听懂到能够说话的原因，也解释了 2019 年研究的结果。

髓鞘在语言发育中的重要性只是众多例子中的一个。实际情况是，孩子整个的认知功能都取决于他们大脑中髓鞘结构的完整性。我的意思是，他们将信息存储、检索、处理、感知以及行动的能力，取决于他们的神经组织健全与否和包裹在周围的髓鞘的厚度。当髓鞘太薄或遭到破坏时，神经信号就不能正常地进行传导；神经信号的传导就会变慢，甚至停止，由此引发心理健康、行为以及神经病学方面的问题。

伴随着科技产品使用而来的，是无数其他的可能性，其中包括网络霸凌、睡眠不足、姿势不良、颈肩背痛、长期久坐、肥胖、孤独、视力下降、焦虑、抑郁、身体障碍和成瘾。所有这些问题都在潜移默化地改变着孩子，摧毁了他们想要沟通、独立，甚至想要生育的基本生理驱动力。

他们是不是知道一些我们不知道的东西？

科技公司的高管们是在十多年前首先认识到这些问题的。2010年，苹果平板电脑（iPad）发布后不久，苹果公司的创始人史蒂夫·乔布斯（Steve Jobs）接受《纽约时报》（*The New York Times*）采访时，被问到他的孩子们对这个新装备怎么看。乔布斯告诉记者尼克·比尔顿（Nick Bilton），他们还没有用过，他和妻子"限制孩子们在家使用科技产品的时间"。比尔顿十分惊讶，他又采访了硅谷的其他一些高管。他发现绝大多数高管对他们的孩子接近科技产品这件事，都采取了要么禁止，要么严格限制的态度。比尔顿的结论是："这些科技公司总裁看上去似乎知道一些我们不知道的东西。"苹果公司的首席执行官蒂姆·库克（Tim Cook）最近说，他禁止他的侄子使用社交媒体。微软公司的创始人比尔·盖茨（Bill Gates）规定他的孩子们在14岁之前不能拥有智能手机，而梅琳达则希望这个时间能再延长一些。

我们的孩子怎么就成了这些电子产品的奴隶了呢？这些东西本该是解放我们、连接我们，让我们有更多时间去体验生活，去享受和我们所爱的人共处。事实证明这是一种精心设计。在某种程度上，很多科技公司的目标似乎正是阻止人们之间的互相沟通。看谁能提出最具吸引力的通告，看谁能想出最巧妙的点子，让我们频频查看手机，这似乎已经成了一场竞赛。

这就是存在于科技"注意力经济"背后的驱动力：那些看上去是创造出来为你提供帮助的免费应用程序、社交网络或搜索引擎，实际上旨在获取你的数据，因为它可以被打包出售。这是目前一项年收入超过数万亿的产业。它所收集的数据最近在价值上已超过石油，成为全球最具价值的资产。

所有这一切带来的人力损失是巨大的。你的孩子的电子产品正在偷走他们的时间，正在一点一点地吞噬他们的生命。他们在电子屏幕前度过的每个小时，本应该在户外撒欢，和同龄人交往，观察周围的一切并从中学习；这都是同真实世界的交流，它们对于一个人的身体健康及社会发展至关重要。

也许更让人忧虑的是，这并不一定是他们想要的生活。因为如果不是没有意识到科技会如何对他们施加影响，那他们就是在冒着危险，让科技成为他们行为的主宰。所以重要的是去思考：到底是他们在使用科技？还是科技在利用他们？

像硅谷的最高管理层一样，我也是科技黑暗面的早期见证者。家长们会带着孩子来见我，因为孩子为了玩电子游戏，放弃了学业、运动和家庭。我也治疗过很多青春期的女孩子，对于父母限制她们使用社交媒体，她们的反应十分强烈，甚至采取了诸如暴力威胁、离家出走、割腕自杀等方式。有一次，警察给我打电话，让我去看望一个男孩，他将妈妈关在地下室三天，这样他就能随心所欲地玩一款新电子游戏了。

这些父母深感羞愧，他们备受打击，十分无助。但不幸的是，这些问题变得越来越普遍，伤害着世界上越来越多的家庭。

为什么孩子们会有这样的感觉？

不管是发在 Snapchat 上的一则恶意评论，还是一个孩子被霸凌者按在存物柜上，大脑都会自发地以几乎同样的方式对真实威胁或感受到的威胁做出反应。它会触发生物性的惊呆、战斗或逃跑反应，这意味着你的身体会为攻击做好准备。你明白这种感觉：心脏怦怦直跳，血液急速流动，注意力高度集中。

我想要在此说明的是，在某一特定时刻，孩子的感受也许并不取决于这种情况发生在屏幕上还是屏幕外，而取决于是哪种神经化学物质被一种体验所触发。常常被称为人体"化学信使"的多巴胺、皮质醇、内啡肽、催产素、血清素，是调节生命的五种主要神经化学物质，它们使你的孩子感到精力充沛或全身乏力，感到与外界联结或寂寞孤独，感到幸福或不幸，对生活全情投入或脱离生活、与世隔绝。它们存在于每个人体内，触发那些如太阳升起般自然而然的反应。通过理解它们，我们就能帮助孩子形成健康的习惯，这会使他们感到满足，认识到自己的价值和能力，体会到被爱的感觉。

让我们对这五种神经化学物质再多做一点深入的探究吧。在你阅读下面的描述时，试着想象一下，如果这五种物质失去了平衡，会引起什么样的感觉？如果人体健康的生命控制中心被操纵，处于紊乱的状态，那会给我们的身体、思维和社会带来什么样的后果？

1. **多巴胺**驱动我们的积极性，回馈给我们以即时的愉悦感。它主要是由物种为了生存而产生的行为释放出来的，如狩猎、采集和关系的联结。由于我们已不再像史前人类那样生活，我们可以将狩猎视为电子游戏中的打怪升级，将采集和关系的联结视为在网络媒体收获点赞。

2. **皮质醇**和压力反应会让我们产生被攻击的感觉。当危险发生时，它能促使我们做出反应逃离危险，不管这种反应是惊呆、战斗还是逃跑。这会引起我们心率加快、血压飙升。长此以往，会导致睡眠障碍、体重增加、肠道问题、免疫力低下和骨骼生长停止等。

3. **内啡肽**带给人安宁、平静、狂喜或愉快的感受。它们通过有氧运动、大笑和亲密行为等活动得以释放，让我们产生愉悦的感受，从而缓解焦虑、压力和痛苦感。内啡肽缓解了我们在生活中所遭遇的艰辛，让我们去尝试和创造新的事物。

4. **催产素**会带来安全感及被爱的感觉。当我们获得社会认同，体验到人与人之间的联系和亲密感时，催产素便会在共享的人际体验中释放出来。它驱动着我们信任别人，乐于助人，寻求友谊，学会去爱。
5. **血清素**产生的是满足感、幸福感与自豪感。在体育运动、积极的社会交流、晒太阳，以及做任何你喜欢做的事情时，都会释放血清素。血清素驱动我们去尝试新鲜事物，去创新，去获得别人的尊重。

确确实实如你在家里看到的那样，手机、网络游戏、社交媒体通过刺激孩子们的大脑释放出某些神经化学物质而改变着他们。有时这会起到积极的作用，比如当你的孩子通过 Skype 网络电话与奶奶聊天时，他们会感受到亲人之间联系的纽带。但有些科技产品正在创造低价值大容量的神经化学奖赏周期，改变着成长中的大脑结构。孩子们被束缚，只想从他们的电子设备中获得更多，而对围绕他们的外部真实世界向往得更少。

过多的屏幕时间会产生：

- 大量不健康的皮质醇分泌，会触发压力反应。
- 对有害的大量多巴胺的渴求，会导致上瘾。
- 减少催产素、血清素、内啡肽的自然释放，这种自然释放是长期保持健康、幸福和成功的关键。

这些神经化学物质的释放很大程度上受大脑四个微型结构的支配：海马体、杏仁核、脑垂体以及下丘脑，它们被共同称为边缘系统。正是这个系统产生和控制我们的情绪反应。

举个例子，即使科技会带给孩子们一种即时快速的愉悦感，但这种感觉并不总是通向幸福感。休闲游戏会促进孩子分泌多巴胺，但以减少催产素（或人与人之间的亲密感）分泌为代价的过多的多巴胺（或愉悦感），会使孩子感到孤独、焦虑，情绪低落。为了与这些不适感对抗，孩子们就会想要更多的多巴胺。这就解释了多巴胺是上瘾背后关键推手的原因。社交媒体中的"点赞"也会提供多巴胺。但当我们将自己与他人消极地进行比较时，就会触发压力激素的分泌。

在接下来的章节中，我们将探讨神经化学物质与孩子的动力、行为、活力、创造性与幸福感之间的联系。当孩子在与科技产品互动时，使他们感到幸福、紧张、有创造力或受激励的那些大脑化学物质，我们也要加以考虑。

我坚信，科技在孩子的生命中会占据健康的一席之地。来自父母的一条鼓励短信可以驱散阴霾；Facebook上一条关于澳大利亚森林大火的帖子可能会提高孩子对社会的关注，激发他去思考自己的小世界以外的东西。总之，将数字媒体简单归类为完美无缺或一无是处，这种二分法是不合情理的。

如果你能向你的孩子展示，怎样在线上和日常生活中激活他们强大的神经化学物质，这难道不是很好吗？这正是我想要教给你们的东西。

记住，我们以前也遇到过类似的情况。父母亟待教孩子学会使用强大新科技的问题，这不是第一次。人类革新改变世界，这也不是头一回。

火的力量

虽然在充满颠覆性的数字时代养育孩子，常常让父母感到压力山大，毫无经验可循；但与我们所经历的那些随着时间的推移而发生的重大变化相比，其实也没有太大差别。想想火的发明吧，它是人类进化史上一次具有转折意义的创举。火给予我们光明和温暖。通过驱逐熊、大型猫科动物和其他夜间食肉动物，火使得直立猿人，也就是人类的祖先，从树上下来，在地上安然入睡。通过把人们聚集在一起进食和取暖，火将我们联结在一起，形成了讲故事的传统，并为人类社会的形成奠定了基础。

但在火给予我们的所有馈赠中，烹饪可能是最重要的。杀灭了寄生虫和细菌的食物大大降低了人类的死亡率，显著延长了人类的寿命。联想到我们灵长目的祖先整日啃食树根、树叶、树皮、浆果，只为获得足够热量来延续生命，烹饪带来的改变显然是革命性的。烹饪过的食物减少了浪费在咀嚼和消化上的时间，使原始人类能够将他们的能量派上更大的用场：从为内脏提供能量到为大脑提供能量。（即使在休息状态下，人类大脑的思维也需要消耗人体 25% 的能量。）这为人类带来了爆发式的大脑发育，最终形成了地球上最高级的神经系统。这个有着超过一千亿个神经元的系统，负责处理我们的每一个想法、行动和反应。简而言之，是火，使人类进化有了一个质的飞跃，成为今天我们的样子：高级的、智慧的、富有同情心的、具有创造性的人类。

我们这个时代的火

可以毫不夸张地说，在硅谷和其他地方得以发展的科技创新，也被证明对人类来说具有与火类似的变革性意义。科技已经使我们能够对人类基因组进行排序，能够找到可行的矿物燃料替代品。不久它甚至可能帮助我们到达火星，并确定我们下一步进化的步骤。

但是，进步是一把双刃剑。科技就像火一样，也具有摧毁我们的力量。我相信原始人中的爸爸妈妈在孩子玩火这件事上，感情也是十分复杂的。但他们也知道对火的掌控是成功与生存的关键。所以，我想他们会带着孩子来到一片烧焦的土地，告诉他们如果野火得不到遏制，会在干燥的热带草原上肆虐横行，将人类、动物和原始的村庄吞噬殆尽。我想他们会对孩子解释，如果距离过近，火焰会如何将他们烧焦。我想他们会教给孩子，如何利用岩石擦出火花。

今天的父母面临着相似的困境：我们知道孩子成功需要掌握多种科技，可是我们又担心其中的风险。我们不能任由孩子制订规则，不能做把头埋进沙子里的鸵鸟，只是暗暗祈祷孩子千万不要看到逼真、暴力的色情画面。我们也不能简单粗暴地禁止孩子玩《侠盗猎车手》的游戏，或禁止他们登录 Instagram 的账号。孩子们需要的是我们的帮助和指导，使他们的电子屏幕使用时间更健康；让他们远离那些会触发压力，让他们缩回到自己的小天地里的应用程序和电子游戏。

我们需要向孩子解释，频繁地翻看他们的朋友在社交媒体上的日常晒图，会怎样打击他们的信心；在自身意志消沉的时候尤其如此。这会妨碍他们在学业和交友上的表现。他们会变得越发依赖点赞、转发和分享，他们可能会变得越来越无法专注、焦虑不安、消沉抑郁。他们需要明白的是，在网络上遭受霸凌，沉溺于手机和电子游戏，都是多么容易的事情。

不要害怕

但是，也不要有太多顾虑。《纽约时报》最近报道过，一些家庭开始雇用教练帮助他们养育没有手机的孩子。这些担任"屏幕顾问"的教练使父母想起，没有智能手机之前，他们是怎么养育孩子的。《纽约时报》的文章读起来几乎是对旧金山湾区的拙劣模仿。相信我，你并不需要一个屏幕顾问。

我将给你提供最新最权威的神经系统科学知识，深入浅出地向你解释，孩子的大脑与神经系统是如何工作的，成功是怎么发生的。一旦你真正了解电子产品是如何引发孩子的感受的，我们就可以用类比的方法，像规划健康饮食那样，制订一个方便操作、容易理解的计划，来解决我们这个时代最重要的育儿问题。

记住，智能手机出现在我们的生活中仅仅只有 15 年左右，这就是为什么它让人感觉困惑不已的原因。尽管你可能没有看到，但我们的确身处一个颠覆性的时代。对我们来说，居家不出，独自一人，弯腰驼背，整日盯着电子屏幕，这是非自然的行为。在大约一万年的时间里，我们都是以土地为生：置身户外，并肩劳作。再往前大约七万年的时间里，我们采集、狩猎，过着部落生活。日出而作，日落而息。我们整日奔波，与自然、与他人融洽地相连。

但是别担心：我们可以找回自己。既然我们作为人类这个事实从根本上不会发生改变，那么接踵而来的是哪一种科技——相信我，它一定会接踵而来——就无关紧要了。

我相信科学。我相信研究。我相信我们能养育出聪明、快乐、强壮的孩子并发挥他们最大的潜能。我认为绝大多数事物的存在都有其合理性。当涉及一切科技时，我的指导原则是别害怕，用你的直觉来做指导。深呼吸，让我们一起渡过难关。

请记住：

- 绝大多数青少年每天查看手机 150 次，这使他们反应被动、神经紧张，并产生不安和焦虑感。
- 电子屏幕可能在改变儿童的大脑结构和功能。
- 所有这些问题都在潜移默化地改变着孩子，它摧毁的是沟通、独立甚至生育等基本生理驱动力。
- 孩子在特定时刻感受到什么，取决于是哪种神经化学物质受到体验的触发。
- 多巴胺能让我们产生动力，带给我们即时的愉悦感。
- 皮质醇与压力反应会让人产生被攻击的感觉。
- 内啡肽会让人产生安宁、平静、狂喜或愉快的感觉。
- 催产素让人感觉安全和被爱。
- 血清素让人感觉满足、幸福、信任与自我尊重。

02

成功的路径

习惯在帮助孩子发挥
最大潜能方面的力量

重复的行为造就了我们，因此，
优秀不是一种行为，而是一种习惯。

——亚里士多德

当我怀我家老大的时候,我觉得对于妈妈这个角色,我已经做好了充分的准备。我当时33岁,作为一名医师,已经和产后妈妈、孩子以及他们的家庭打了多年交道。我帮四个姐姐带过小宝宝,再大一点的孩子,还有正处于青春期的少年。我读了所有经典的育儿书籍,订阅了所有的流行博客。当我那漂亮的小宝贝乔希出生时,我简直欣喜若狂,情不自禁。

　　2005年,我成了一位母亲。同年,使用互联网的人数达到了十亿。有时,我觉得我所需要的一切似乎都可以在网上查到;而另一些时候,我被网上的信息和那些相互对立的胡说八道搞得不堪重负。科技无处不在,它所预示的前景让人觉得美好无比。我买了一整套《小小爱因斯坦》的DVD,放给小乔希看,希望他能受到"爱因斯坦"的熏染。

　　小乔希12个月大时,体重开始明显下降,每周都要往下掉一点。他在同龄人的体重排位从85%跌到了5%以下。我那个乐呵呵、胖乎乎的小宝贝基本上停止了进食。一到吃饭的时候,他就把嘴巴闭得紧紧的，把脖子和脸尽他所能地扭得远远的。我带他去看医生，咨询专家，参与我们本地儿童医院的营养计划。除了被告知"他不会让自己饿死，所以只要有机会，就抓紧去喂"之外，没有人能够给我明确的答案。我们尝试了所有的方法：唱歌，手指木偶，以及每一种可能的食物组合。有一段时间，由于我们费尽心思想让乔希吃下哪怕几勺饭，我们的厨房变成了一个热闹的马戏团。那真是一段压力爆棚，让人筋疲力尽的日子。

有一天，乔希的表哥来家里玩，他们一起看《海底总动员》（*Finding Nemo*），乔希被影片深深吸引了。当他看到说话的鲨鱼时，惊得下巴都要掉下来了，说时迟那时快，我迅速将一勺山药泥塞进他嘴里。看剧看得入迷无暇旁顾的乔希居然把山药泥咽下去了！我趁热打铁又喂了他几大勺，如同奇迹一般，它们也顺顺当当地下了肚。这是第一次，我们不需要为了让乔希吃下半勺山药泥倾情演出百老汇全套剧目。只是几分钟的迪士尼，我的孩子就获取了营养。

当时我并不懂，直到后来回想时才明白，那时已是个大男孩的乔希，开始讨厌软的或糊状的食物。他对所有含奶油的东西敬而远之，包括沙拉，甚至包括汤。当然，当他还是个婴儿时，无法告诉我这些。而且牙未长全，除了软烂的食物，他也没有其他选择。因此在他体重回升前的几个月，我就是靠屏幕时间来喂他。儿童餐椅常常就放在客厅里正对着电视机的位置。当时的我绝望、疲惫，又怀着二胎，依旧没有懂得更多。或许懂得多了一些，但我选择不去思考它。

我们做父母的可能认识不到屏幕正在给孩子带来的影响，所以需要科学和研究来帮助我们做出决策。为了让生活变得更便利，有时我们会把科技产品当作拐杖来使用，有些时候科技产品的确能救人于当下。因此，对于那些时不时把平板电脑塞给孩子的父母，我们虽不应责备他们，但我们仍然需要记住，有时在短期内能为你的生活带来便利的东西，从长远来看，会让你的生活变得困难重重，一片混乱。尽管在电视前喂乔希吃饭的确起到了一时的作用，但也养成了他漫不经心的吃饭习惯。而且一旦漫不经心、容易分神等习惯养成，它们就会发展到其他生活领域，例如做作业或与人交谈时也是如此。

我无法让时光倒流，但我可以对我的行为进行评价，从过去的经历中汲取经验教训。我能做的就是通过提供建议策略，伸出援手，去支持广大的父母、教育工作者及每一位会与孩子产生互动的人。我们必须构建起援助共同体，因为我们对所有孩子的愿望是一致的：让每个孩子都发挥出他们独一无二的、最大的潜能。

"我们的生活不过是一大堆习惯"

昨天你的孩子解锁手机150次，这并不是150个理性决策产生的结果。它们都源于习惯——这是一种绝大多数人都不了解的冲动。

习惯是我们下意识表现出的行为与举止。每一次体验、思考和感觉都会触发上千个神经元，它们反过来在我们的大脑中形成一条神经通路，我喜欢将它们设想为由人们反复踩踏形成的穿过森林的小径。随着时间的流逝，由于我们的行为不断重复，那些神经通路变成了常弹的老调，弹奏起来驾轻就熟。告诉我们去执行那些行为的神经信号开始传导得越来越快。当重复的次数足够多时，行为就变成了无意识的习惯。

新习惯被激活比较困难，因为它们只是神经元丛林中的狭窄通路。这也是为什么未知的小路让人感到危险或疲惫，而我们总是坚持走熟悉的路的原因。

想一想你头一次学习系鞋带的情景。一开始它是一场硬仗，需要你调动全部的注意力。但当充分练习之后，你的大脑终于开始转换到自动运行模式，无论你什么时候穿鞋子，都能一气呵成地完成系鞋带的动作。即使是那些一开始看起来不可能完成的任务，比如学习弹钢琴，讲法语，或使用新电视的遥控器（对我来说可能不包括遥控器，对那玩意儿，我总得依赖孩子们），都会在多次练习之后，成为我们的第二天性。

这是有原因的。我们的大脑在不断地寻找捷径。如果能不费心思地执行复杂的任务，它们就能停下辛苦的运转，把注意力投向其他更紧迫的事情上来。毕竟，如果你每次刷牙或煮咖啡都需要全神贯注的话，你就永远没有时间去思考其他事情了！

从早上睁开眼睛到晚上躺到床上，我们的头脑大部分时间都处于自动运行模式。杜克大学的研究人员在 2006 年做的一项研究表明，我们日常活动中 40% 的行为实际上都是依赖习惯。心理学先驱威廉·詹姆斯（William James）在 1892 年写道："所有人的生活都有其明确的形态，但其实不过是一大堆习惯。"这句话比他自己知道的更正确。

改变是有可能的

神经通路被走得多了,就会坚实起来;和它们相关联的行为,也常常会变成无意识的,这是真理,被称为赫布律(Hebbian law)。它告诉我们,"神经元之间互相放电,彼此联系"。它常常意味着,我们年龄越大,习惯就越难改变。在花甲之年想要养成一个新习惯,就好比在茂密的丛林中披荆斩棘,寻求出路。但好消息也有,那就是孩子的大脑及人类与生俱来的潜能,在面对变化时的可塑性和适应性,可能比你意识到的要强得多。大脑可以形成新的神经通路。习惯可以被改变、被忽略、被代替。孩子的大脑皮层有更多形成新通路的空间,这就意味着它更具神经可塑性,更能够发生改变。

尽管如此,我们并不能简单地将好习惯强加于孩子。如果他们感到被强制做了某件事,就会与那种习惯形成一种消极联系。艾奥瓦州立大学的研究人员在2018年做的一项研究表明,成年人对运动的感觉甚至可能植根于童年时体育课的经历!研究人员发现,有关体育课的不愉快经历,甚至在几十年之后,还和对运动的拖延性抵抗相联系。而另一方面,热爱体育课,回忆中充满积极经历的参与者更有可能说,他们觉得锻炼让人身心愉悦,往往倾向于主动锻炼。

与此相似,如果你强迫女儿每天放学一回家,先练一个半小时的大提琴,适逢她又累又饿,脾气暴躁,那么她很有可能不会对大提琴产生深深的爱。在青少年运动中,这种情况我见得太多了。孩子对足球产生了爱好,也表现出这方面的天赋,父母立刻就开启了施压模式,逼他去夏令营,去重复训练,去参加精英球队的选拔赛。

这一套做下来，最终的结果就是父母打压了孩子对运动的爱和热情。我们要记住，持久的好习惯必须是内在的，它们需要从内心生发。如果与它们之间形成的是消极联系，那我们就有可能毁掉天生的热情、才能及良好的习惯。

　　反之也是如此。设想你一直不喜欢的一门课突然间换了一位老师，他将活力与热情带到了课堂上，竟然使这门课变得妙趣横生。因此，通过与孩子协作，将一个新习惯与有趣、幽默和积极相结合，那么孩子就有可能将这个新习惯与美好的感受联系起来。

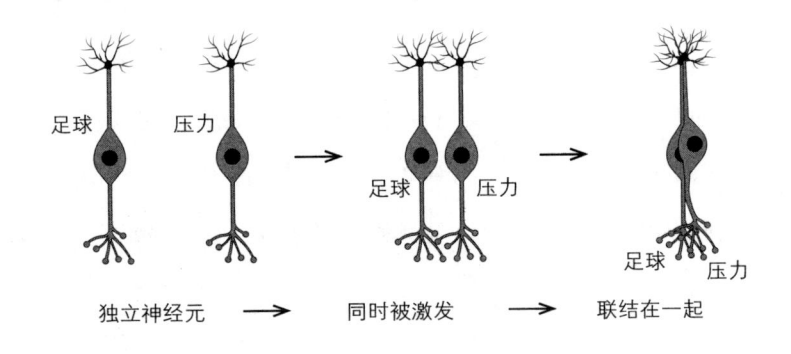

足球　压力　　　足球　压力　　　　　　足球　压力

独立神经元　→　同时被激发　→　联结在一起

"坏"习惯

　　习惯当然也有不好的一面，换句话说，我们的孩子也有可能会形成了一些诸如完美主义、缺乏耐心、暴饮暴食、一心多用或拖拖拉拉的坏习惯。一个习惯一旦表露出来，那些神经系统的运作模式便被存进我们的记忆银行，也就是被称作海马体的脑部区域。一旦在此被编码，它们就再也不会真正消失。直到今天，每当我看到乔希坐在电视前心不在焉地吃饭，我就想知道，这种习惯有多少是经过选择得来的？或者说有多少来自他那几个月边看《海底总动员》边吃饭的自动程序系统？幸运的是，我们大多数时间都在餐桌前吃饭，所以他可以构建出新的通路来代替旧习惯。除非我们帮助孩子形成新的习惯，否则旧模式总是会自动启动。比如说，吸烟者即使戒烟数年，但任何一个会触发他们老习惯的动作，比如打开一罐冰啤酒或下班后坐进车里的时候，仍然会产生一种想点烟的冲动。

今天的科技小玩意儿就具有一种力量，来强化一些让人非常讨厌的习惯，比如离不开手机、不看人、坐姿不正、久坐不动、宅家、晚上看手机、上卫生间时看手机、吃饭时看手机，等等。

的确，孩子们现在玩手机的时间太长，以至于被诊断出患上了重复性压力损伤，如"短信指""短信颈""手机肘"等。手机还损害了孩子的记忆能力。孩子们现在很难去做白日梦或进行创造性的思考。手机还影响他们交友及学习社交礼仪的能力，使他们更易受焦虑、抑郁和孤独感的侵袭。

如果你的儿子每每感到生气或焦虑时，总是奔向手机来缓解他的情绪，那么他与这些负面情绪间正在建立的就是一种不健康的应对机制。他不是学习如何正面处理这些情绪，这是成长过程中十分重要的一环；相反，他学到的是逃避，是避免感受到那些难以应付的感觉。他不是在学习怎么自我调节，怎么应对生活，怎么解决问题。这意味着只要他难过或是生气了，他就会奔向电子屏幕。这些感觉会在一种反馈回路中不断恶化。也就是说，你的儿子可以通过上网来逃避真实世界所发生的一切；然后，上网又让他感到他的同龄人比他实现得更多，做得更多，与网络的联结也更多。这会让他感觉更加糟糕，由此更加逃避现实世界。

健康习惯从你开始

你的儿子会将借助手机来缓解情绪的方式持续到大学以至工作岗位上。由于面临的是日益真实的生活，他也许会转向其他让他分心的东西，如过度工作、过度消费、暴饮暴食、色情文学、酒精、毒品等，以帮助他逃避。

成长很大部分是获取能帮助你应对学业、工作及各种关系的技能。这些技能包括学习怎么沟通、怎么解决矛盾、怎么建立友谊和亲密关系。但如果你的孩子永远都是通过手机来面对友情，来与恋人分手，那他们就会缺乏在真实世界处理这类问题的原则和实践。如果说数字时代教会了我们什么的话，那就是始终与每个人保持联系，实际上使我们更少留意于社交技能，而后者是我们未来成功最重要的因素。

童年时期养成的习惯是为未来的行为打基础，因此父母要好好利用孩子性格形成的关键时期。尽早引导他们养成最重要的习惯，并帮助他们在成年后保持这些习惯。父母不要觉得孩子不懂你在说什么，就推迟养成这些习惯的时间。他们吸收、学习的东西比你意识到的多得多。记住：人类大脑是具有神经可塑性的，因此什么时候养成或改变习惯都不晚。

需要澄清的是，我们不能代替孩子做这项工作。我们不能时时刻刻控制孩子。但我们也不能因为相信良好的行为和习惯会自己形成，从而缺席孩子的成长。孩子是关系型学习者（relational learners）。他们的体验及对父母和老师的感情十分重要。那么作为父母，最有效的做法当属我们与孩子肩并肩，在生命的起起伏伏中，给予他们爱、鼓舞、支持和引导。

养育孩子的方法很多，下面介绍三种常见的可参考的类型。当你阅读这些描述时，可以思考一下目前你养育孩子的方法趋向于哪种，以及哪种类型最适合培育自信、有上进心的孩子。

独裁型父母坚信他们了解得最多。这种类型的父母对孩子的外在表现和形象，如奖励、分数和外貌等有很高的期待，但却对诸如宽厚善良、团体意识和自我激励等内在品质关注甚少。独裁型父母有两种类型：一种是导向型独裁，即所谓的"老虎"或"鲨鱼"式父母，他们自己制订规则推进期待，由他们来决定孩子的发展走向，几乎不给孩子留任何自主权。另一种是保护型独裁，或曰"直升机式父母"，他们像直升机一样盘旋在孩子的上空，对孩子施行无微不至的管理；一旦出了差错，就会第一时间赶来营救。独裁型父母的孩子焦虑、抑郁、完美主义的发生率很高，应对变化、克服挫折和展现韧性的能力较低。

放纵型父母则处于养育孩子类型的另一端。他们的不平衡程度不亚于独裁型父母。我把他们称作"水母式父母"，因为他们的教育方式，没有主心骨，也没有目标。这种类型的父母不会给孩子提供很多规则、引导、方向和重点方面的东西。放纵型父母的孩子缺乏内在的价值观，对冲动的控制能力很弱，指望从同龄人和媒体那里获得指导，更有可能与权威的人和事产生冲突。

权威型父母是对处于两个极端的独裁型父母和放纵型父母的平衡。他们对孩子有十分明晰的期待，实行的是协作式决策。他们被称为"海豚式父母"。如同这种海洋生物的身体一样，他们既坚定又灵活：在孩子的内在价值观和性格培养上，他们是坚定的；在孩子的兴趣、选择和自我表现上，他们又是灵活的。他们重视游戏、团体和健康平衡的生活方式。相比前两种类型，权威型父母的孩子显现出更高的心理健康水平，更强的问题解决能力和冲动控制能力，学业表现、社会意识、适应性和自我激励方面也更优秀。

对我来说，结果很重要，因此我相信权威型父母是养育孩子最有效的类型。事实上我在自己的另一本著作中围绕此类型的父母阐述了一个完整的框架结构，这本书的名字是《哈佛妈妈的海豚教养法：如何培养健康、快乐和自我激励的孩子》(*The Dolphin Parent: A Guide to Raising Healthy, Happy, and Self-Motivated Kids*)。

海豚式父母对孩子的培育方式是引导而不是监督，是殷切鼓励而不是发号施令。海豚式父母不仅言传，而且身教。这种类型中我最喜欢的例子取自大自然。当小海豚出生时，海豚妈妈会轻柔地把它的小宝贝推向海面，小海豚便可以进行它的第一次呼吸。海豚妈妈并不是把小海豚托到海面上，而是给它示范怎么游泳。开始的几个月，海豚妈妈就是这样守在它的宝贝身边，引领着，示范着，指导着，寸步不离。

海豚式父母之所以高效，就在于它们注重平衡的生活方式。这种方式强调自我关爱、游戏、探索、社会联结和贡献。这就是我认为海豚式养育、平衡式养育和直觉式养育三个术语可以互换的原因。因为它们的目标是一致的：通过建立联系、角色示范和引领指导的海豚式育儿方式，培养出有求知欲、自信满满、与外界相联结、适应性强、柔韧灵活的孩子。

海豚式父母行为的关键词

联结： 与孩子亲密联结，意味着真正了解你的孩子是什么样的人，而不是你想让他们成为什么样的人。尽管你看到的可能并不尽如你所愿，但是，请接纳你的孩子，爱他，不要仅仅把他当作你的孩子，而要当作一个个体，和他建立亲密的关系。

榜样： 作为孩子的榜样，给他展示你是怎么做的，你怎样在这个世界存在，这能反映出你内在是一个什么样的人。榜样意味着让真实的你去教给孩子生活的课程。孩子是十足的观察型学习者。每天我们都在为他们做行为的榜样。比如，如果我们手机不离手，实际上就是在告诉孩子："这是可以接受的。"对孩子来说，这种身教比你整天拿着手机对他们发号施令要管用得多。榜样就是通过你外在的行为举止展示你内在的本质。孩子知道你什么时候表里不一，所以对你都不真正相信的东西，就别费心去说教了。

引导： 从知识与权威的角度去养育你的孩子，但同时也要尊重他们的自主性。引导型的父母会带给孩子一场有关世界的心灵之旅。在这段旅途中，他们一路相伴，全力支持，为孩子指出人生旅程会有高低起伏。他们会说："嗨，生活就是不公平的。""这就

> 是人们解决冲突的方式。""这是值得庆祝的美好一刻。"等等。引导不是力推，不是周旋，不是事无巨细地管控，也不是强迫；引导意味着接受这样一个事实：孩子的旅程属于他们自己。

如果我们都能够作为完美的榜样，总是在一种完美融合的幸福中引导我们的孩子，这是多么理想的状态。但它毕竟不是现实！我记得有一次我和孩子们在商场停车场等人的时候，我掏出了手机。孩子们立刻对我提出质疑，说我是个"伪君子"；我不得不解释我不是在玩游戏或浏览社交媒体，我是在网上付账单。我还告诉他们我经常会在网上做旅行攻略，为他们的活动注册，回复病人的邮件，阅读神经科学方面的论文，为我的书做备注，所有这些都需要在手机上进行。当然，有时我确实是个伪君子，会在吃饭时查看手机。那种情况下我活该被干一仗！

随着你的阅读，努力培养关键的养育行为，并尝试本书中的一些建议，能够让你与孩子之间保持一种牢固和积极的关系。在我们努力应对当前无孔不入的数字文化之际，我们有责任帮助孩子理解科技会带给我们的神奇与风险，帮助他们养成健康、有益的习惯。对孩子来说，科技世界和物质世界一样，是他们与生俱来所处的环境。就像他们在线下世界需要我们的陪伴一样，他们也需要我们同他们一起存在于科技空间。

而且，我们的孩子并非仅仅是被动地消费科技，他们作为创造者，作为合作者，甚至作为影响者，是主动参与到科技中。他们在YouTube上传玩具开箱的评论，还有诸如"看我玩转'守望先锋'"

或"怎么画'我的世界'中的人物"等视频。他们在 Instagram 上发布他们自己动手捏制闪闪发光的粉彩史莱姆（slim）的视频，或者在卧室里参与全球活动。有些孩子还借此赢得了大批粉丝，赚到了钱。大多数孩子仅仅是在探索新的爱好和兴趣，同时还学习通过媒介来进行沟通交流。这项技能越来越成为必需。不管你喜不喜欢，这都是现代育儿的一部分。

教育面向未来的孩子

和我们的孩子将要步入的世界相比，前几代人过得容易多了。他们只要受过教育，然后找个工作就行。但是曾经支撑中产阶级走过 20 世纪的那些收入体面、低等技能或中等技能的工作正在迅速消失。这个趋势是不可逆的；而与之相平行的另一个趋势，即日益扩大的不平等却在同步上升。我们的孩子将在一个经济、社会和科技空前大变动的时期步入劳动力市场。在这个时期，工作和技能的颠覆性转变已经影响到了各行各业。人工智能和机器学习领域的科技在迅猛发展，自动化也正如日中天。根据 2018 年麦肯锡全球研究院（McKinsey Global Institute）的报告，由于人工智能的原因，1/3 的美国工人在未来 15 年内将不得不换工作。

信息从来没有像今天这样唾手可得。在过去，谁获得的知识最多，谁往往就最有价值。死记硬背是学生成功的关键。但由于科技的出现，记住乘法表、化学公式和世界各个国家的首都已经没有必要了。学生不再需要知道一个给定问题的正确答案，他们只要去谷歌上搜一下就行。今天，更重要的是知道怎么提出恰当的问题，怎么去培养无法编入计算机程序的重要技能；这些技能能帮助学生们在今天高度社会化、竞争极其激烈、基于科技的经济体制下取得成功。

我们可以认为这些技能是新型的、面向未来的、体现全商（CQ）的智能。全商是我在《哈佛妈妈的海豚教养法》一书中创造的新词汇。它不像由"左脑"主导的智商（IQ），也不像由"右脑"主导的情商（EQ），全商引发的是人类整个智力系统的反应。值得高兴的是，这些CQ智能存在于我们每个人身上，由于它们通过我们的神经可塑性通路，因而得到发展。

> **五种CQ智能：**
>
> - 创造性（creativity）表示思维超越了传统理念、传统规则、传统模式和传统关系，它意味着产生新颖的、具有独创性的意见。
> - 批判性思维（critical thinking）包括以开放的心态去分析、解释、说明及解决问题。知道怎么提出恰当的问题远比知道正确答案更重要。
> - 沟通（communication）表示能够通过不同的媒介表达自己，这些媒介涵盖了文章、电子邮件、信息图表、社交媒体帖子、消息应用程序和数字社区等。
> - 合作（collaboration）意味着与来自多样化和全球化背景下的他人相互学习，相互激励，共同协作。

- 贡献（contribution）意味着为你的团队带来价值，以或大或小的方式使这个世界变得更美好。

CQ 的这五大要素将帮助你的孩子从容应对人类有史以来最为重大的一些变化。古老的体系已分崩离析，教育、交通、通信及银行业的创新日新月异。这就是为什么我们不应该畏惧科技显得至关重要的原因；也是我要探索的使孩子们能以健康的方式拥抱科技，并利用科技助力成长的原因。

尽你最大的努力

作为父母，重要的是要记住我们只能尽力而为。尽管我在很多方面顺风顺水，但我有三个孩子，其中两个在学习上有很大差异；我的身体不太好，职业也常处于变动之中；我很幸运，有一个全力支持我的丈夫，但他自己也同样被生活搞得焦头烂额。必须支付的账单，逐渐老去的身体，年老力衰的父母，孩子们的篮球训练营、体操训练营，这一切使我们疲惫不堪。于是周末有时我们就让孩子们在电视机前放松几个小时，这看起来也不错。而且我觉得科技可以对孩子非常有益，比如说，有些电子游戏就是将他们团结起来的很好的手段。当我的儿子们和在英国、美国的表哥、表弟们联机玩国际足联系列赛（FIFA Live）和篮球模拟赛（NBA Live）时，他们会开怀大笑，互喝倒彩。我认为如果不是玩电子游戏的话，这种关系是不可能发展起来的。所以在这种联结亲情的时刻和其他许多类似的时刻，我们家的电子产品值得我们报以感激之情。

关键在于，要教会孩子理性地运用科技，而不是反过来被科技所用，让科技消耗他们的生命。和生活中的其他事物一样，重复的行为造就了我们。如果你想在数学或足球方面出类拔萃，你就得不断进行数学和足球方面的练习。因此，我们必须确保科技不能剥夺孩子在真实生活中进行实践的机会。我们必须帮助他们，练习以一种强大的方式来使用科技。我们要帮助他们充分、深刻地了解科技的优点和缺点。只有这样，他们才能掌控我们这个时代的"火"。

请记住：

- 我们的习惯，或者说神经通路，就像是森林里的小径，随着时间的推移，在同一个神经通路传导的神经信号开始传导得越来越快。当重复次数足够多时，它们就会成为无意识的习惯。
- 我们的习惯就是通过这些神经通路在潜意识中连接起来的行为举止。
- 通过情感刺激和产生关联而互相放电、彼此联系的神经元开始嵌入到我们的习惯里。
- 孩童时期养成的习惯是未来行为的基石。
- 孩子们的大脑，以及他们与生俱来人类潜能，比我们可能意识到的更具有可塑性，更能经得起变化、积极性和激励的考验。

- 大脑能够形成新的神经通路，因此习惯是可以被改变、被忽视和被取代的。
- 养成新习惯需要集中精力，需要动机、努力和时间。孩子年龄越大，习惯的养成就越困难。
- 权威型、协作式的海豚关系，有助于引导孩子走向积极的道路，并重新连接消极的道路。
- 具有引导性的海豚式人际关系也有助于培养面向未来的孩子，让他们拥有积极的心态和生活技能，能够应对这个急剧变化的世界。
- 全商（CQ）是 21 世纪的新型智能参数，它包含沟通、合作、批判性思维、创造性和贡献。

解决方案

　　这本书中有关解决方案的相关章节，是由实用的建议构成的，目的是帮助你处理可能面对的与科技相关的问题。这些建议是以一种既适合你的需要，也适合孩子需要的方式合并而成的。

　　到目前为止，我们已经讨论了为什么科技被精心设计出来操纵我们的注意力，以及它是如何影响发育中的大脑的等问题。我们也了解了习惯的力量，它们是怎样通过神经可塑性通路，与我们的情绪相联结。作为父母，我们的角色就是引导孩子走向为他们服务的习惯，远离会给他们带来伤害的习惯。最好的方法就是采纳权威型海豚式父母的教育方式，引导孩子走向21世纪的全商（CQ）。

　　在随后几页，你会看到一些帮助孩子养成积极习惯的建议。我也会就如何以最好的方式向你的孩子介绍科技，什么样的早期习惯能帮助孩子将科技的益处最大化，同时将它的弊端最小化等问题来做一番阐述。

关键策略

不要

- 因为某件产品可供使用,就假定它是健康的。
- 认为还有其他人在为你孩子的最大利益着想。
- 期待别人来解决你的孩子使用科技产品时的有关问题。
- 在缺乏明确目的、限制和监管的情况下,任由孩子使用科技产品。
- 把科技产品当成玩具。

要

- 尽可能延迟将科技产品引入的孩子的生活。
- 将科技产品作为完成某件事的工具来使用。
- 记住,一开始不应让孩子在独处时使用科技产品。
- 制订明确的科技产品使用家规。

尽早养成健康的生活习惯

神经可塑性是随着个人的生命进程而不断进化和发生变化的大脑机能。小孩子和青春期少年的大脑具有高度的神经可塑性,对这一点你已经有所了解。这就意味着想要养成健康的好习惯,改变消极的坏习惯,在 25 岁之前比之后要容易得多。

孩子神经可塑性的提升和健康生活习惯的养成,由五个基本要素构成。我得首先承认,尽管这些要素看上去比较简单,履行起来却并不容易。比如，我对睡眠科学十分熟悉，但这并不意味着我总是能获取充足睡眠！

睡眠优先原则

当我们睡觉的时候，大脑会将我们从日常生活中获取的能帮助我们学习和记忆的重要信息进行归档，并舍弃那些我们不需要的内容。

美国睡眠医学学会建议每天晚上：

- 4—12个月的婴儿需要睡足12—16个小时；
- 1—2岁的孩子睡眠时间为11—14个小时；
- 3—5岁的孩子睡眠时间为10—13个小时；
- 6—12岁的孩子睡眠时间为9—12个小时；
- 13—18岁的青少年睡眠时间为8—10个小时；
- 成年人的睡眠时间为7—9个小时。

确保你的孩子营养全面，补水充足

我们大脑的水分含量在70%以上。当我们仅仅只是轻度脱水时，大脑的机能也会受到损害。

要想达到最佳的大脑健康状态，全面、多样化的食物是必需的。一份多样化、通常未经加工的天然食物是保持健康的经验之谈。由于大脑结构中大部分是脂肪，因此我们就需要保证孩子对健康脂肪的摄入，如来自鱼类、坚果和牛油果中的omega-3脂肪酸。但是，在如今食品大战硝烟四起，以及很多人坚持"正确地吃"这种我认为不健康的执念背景下，重要的是要记住，饮食千万不要在压力下进行。否则的话，孩子的身体，还有你的身体，都将开始释放压力荷尔蒙，这会抵消健康饮食带来的好处。

同时，至关重要的一点是，最大限度地减少对大脑健康有负面影响的物质的摄入量，这些物质包括阿斯巴甜和加工过的糖。

孩子们需要有氧运动

心血管运动是指所有能让孩子们的心肺功能得到锻炼的活动，如跑步、徒步旅行或骑自行车。当你的孩子心率加速时，说明他们处于有益的"有氧运动区"，他们会觉得呼吸急促，无法正常交谈。做这些运动能够促进血液流向大脑，提高氧气水平，反过来增进神经元的生长。6 岁以上的孩子每天需要至少一个小时的体育活动，这一个小时大部分时间应该用来从事中度或高强度的有氧运动。孩子们还需要进行一周至少三次的旨在强健肌肉及骨骼的运动，如爬楼梯、跳跃、单脚跳、跳绳和跳舞等。最重要的是，一个充满活力的身体能造就更强大的头脑。如果你的孩子能够在孩提时养成活跃积极的运动习惯，那么他们就很可能在成年后也精力充沛，元气满满。

让他们做游戏！

所有哺乳动物，不管是大猩猩、小狗，还是孩子，都是通过游戏来学习的。通过游戏来学习，从根本上来说就是在不断尝试和犯错中获得乐趣。孩子们能借此理解哪种行为对他们来说是最好的；在面对不确定性时，也能够变得应付自如。理想状态下，游戏应该是非组织性的，不带判断与评估地允许孩子们自由尝试。这使得学习既安全又充满乐趣。所以父母们，尽量别对孩子的每一个踢球动作指指点点，别对他们讲故事的细节吹毛求疵，也别对他们的手工作品指手画脚！

别忘记：爱赋予头脑力量

在一种充满安全感、父母鼎力支持与全心爱护的关系中，孩子学得最好。当他们感到安全，感到与外界联系在一起，压力就会减轻。反之，当他们感到孤独或恐惧时，压力就会倍增。但是要记住，爱并不等于让他们随心所欲，为所欲为，那是水母式父母的育儿方式。孩子们需要的是海豚式的爱，虽爱得无条件，但却在行为举止方面伴以明确的限制与规定。正是在这种情况下，孩子们才会感到安全，感到与外界的联系。对爱、积极性和乐观的感觉会促成孩子们大脑中更多相互连接的神经纤维的生长。这些纤维对提升认知功能至关重要。所以，如果你想要你的孩子聪明快乐又坚强，那么就爱他们本真的模样吧！

培养孩子健康的科技产品使用习惯

既然你们已经了解了通常意义上如何培养健康的习惯，那么让我们一起为在家里养成健康的科技使用习惯打个基础吧。

延迟、延迟再延迟

你能为孩子做的第一件事就是：给予他们空间，优先培养重要的生活技能和习惯，尽可能延迟他们初次面对电子屏幕的时间。这将为长期的健康、快乐、自我激励和成功定下基调。

如果孩子在使用科技产品之前还没有掌握以下技能，那么他们就会很容易陷入与这些技能相关的危险中。比如，如果孩子学着通过一部电子设备与朋友们进行联系，他们养成的便是依赖科技产品的技能；而到了真实生活中，他们可能会备感不适，或者无法应对。因此在线上应用这些技能之前，孩子们需要在实际生活中被鼓励，去发展健康的友谊与关系。同样的，如果在学会管理时间或控制情绪之前，孩子们就接触到了电子游戏，他们就有可能玩游戏玩到失控，或利用游戏去掩饰他们的情绪。

在你将科技引入孩子的生活之前，或在这个过程中，请务必鼓励孩子去创建、掌握和保持三种重要的生活技能——情绪调节、社交技能和时间管理。如果对以下三个问题，你都能如实回答"是的"，那你的孩子接触电子产品的时机或许就成熟了。

1. **情绪调节**。他们能感受到并调节自己的情绪吗？
2. **社交技能**。他们能以一种合作与自信的方式，面对面与他人进行交流和互动吗？
3. **时间管理**。他们能从好玩的事中脱身而出吗？他们具有对日常事务，诸如睡眠、运动或学习等时间的承诺意识吗？

如何安排科技产品使用时间

父母们向我咨询的问题中，最常见的是："孩子面对电子屏幕的时间多长合适？"我也希望能够给大家提供一个确切的答案，但事实是，每个孩子，每个家庭，每种情况都不一样。就电子产品而论，我们必须坚守的是，防止危害，灵活对待。以下是我的指导方针：

- 不足 2 岁的孩子完全不建议使用电子产品。
- 2—5 岁的孩子，一天面对电子屏幕的时间应该控制在一小时以内。但是要记住，最好尽量延迟孩子使用电子产品的年龄，所以在这个年龄阶段尽量避免使用电子产品，仍然是最好的。

对其他年龄段的孩子来讲，重要的是将有目的的电子产品使用安排在生活中，而不是围绕电子产品来安排生活。这会使孩子们在长大后优先考虑现实生活中的活动，也会认清科技在他们日常生活中应该扮演的角色。

1. 拿一页横格纸。
2. 画出 24 行，代表一天的 24 个小时。
3. 划掉用来睡觉、洗漱、吃饭、做家务、做运动、维持人际关系、上学、做家庭作业（可能会用到电子产品）以及远离科技产品的玩耍时间。你或许还需要留出时间从事一些你的家庭十分珍视的其他重要活动，如去教堂、做一些服务性工作、照顾宠物等。

4. 剩下的时间可以作为孩子们电子产品使用时间的一部分，但并不是必需的。

不应在孩子独处的时间安排他们使用电子产品

要想为未来打造积极的、持久的科技使用习惯，就要鼓励孩子在客厅或厨房，而不是在他们的卧室里使用电子产品。采取一种合作的、好奇的、联结的方式去学习什么是使用科技，什么是滥用科技。我的意思是，通过孩子对科技产品的使用，父母更多地去了解孩子，并反过来利用科技产品教给孩子重要的人生课程。父母要努力去发现孩子的兴趣、热情和关注点，并就任何可能出现的问题和孩子进行交流。

以下是一些小技巧：

- 当孩子使用电子屏幕时，父母要在场并参与其中。只要有可能，就和孩子一起看。
- 进行交谈！就孩子最喜欢的游戏、节目、应用软件和人物角色提出各种问题，就他们通过电视节目或游戏学到的内容进行讨论。这是一个建立纽带、教育孩子并向孩子学习的好机会。
- 帮助孩子识别并质疑模式化形象、广告信息和任何存在疑问的内容。问问孩子，他们是怎么思考这类问题的。

设置对限度、独立性和乐趣的期待

正如你不能一天 24 小时陪伴孩子一样,你也不应过度困扰于他们对科技产品的使用。最好的方法是养成检查、询问和监督他们使用科技产品的习惯。如果你在孩子小的时候就经常这样做,你的孩子就会懂得,这是你作为父母角色的一部分,孩子以后跟你对着干的可能性就很小。你也能够为传达你的期望打下基础,并且相信他们能够做出健康的选择:

- 在可能的情况下,鼓励他们独立分析和决策。比如,如果你的孩子想看一部电影或者买一款新游戏,让他们自己去查看分级,然后自己解释为什么这对他们来说是一个好的选择。如果他们还不能阅读,就让他们口头解释或者画幅画来说明。
- 如果你的孩子想要拥有更多的上网时间,问问他们打算如何安排时间,如何自我控制电子产品的使用。
- 通过让孩子打印并汇报他们的网站浏览记录来进行检查,然后就他们所看的内容进行讨论。
- 对内容进行讨论,并按优先顺序列出教育类的、适龄的、高质量的、互动式的节目。和孩子一起设置过滤软件或设置限制进入不合适网站的软件。例如,使用 Kiddle 而不是谷歌进行搜索。(我儿子有一阵子迷上了蛇,当他在谷歌上搜 "anaconda"——"水蟒"时,他进入的是一个色情网站!)

做孩子健康习惯的榜样

有一条真理我们听了千万遍，那就是：父母的身教胜于言传。所以，对你没有亲身实践过的东西进行指导性说教，是不具有什么说服力的。

- 要让你的孩子看到，你已经养成了选择健康的方式来替代科技时间的习惯，比如读书、户外游戏，以及具有创造性的、亲自动手的活动等。

- 当你使用电子产品时，跟孩子解释你是如何将其作为工具使用的，你使用的目的是什么。我经常对我的孩子们说："我现在要用手机来支付账单，给祖母发信息，为我的书查阅资料。我没有刷社交媒体，也不是在玩电子游戏！"

- 当孩子们找你交流时，如果你正在使用电子产品，要以身作则：把电子产品拿开或将视线从屏幕上移开，保持与孩子的目光接触，并在交流的全程注意力集中。

- 不在孩子面前对手机铃声、通知或信息做出反应，给他们树立榜样。你可以说"我们正在聊天，所以我一会儿再查看。我把手机关掉，这样就不会被一直打扰了"之类的话。

- 通过设定 SMART 目标（见本书第八章），制订一项你们在科技产品使用方面的家庭计划。你甚至可能想把何时、何地、以何种方式可以在家里使用电子屏幕都包括进去。

03

瘾君子

多巴胺与如何管理科技
使人上瘾的力量

人总会习以为常的!

——威廉·莎士比亚（William Shakespeare）
《维罗纳二绅士》

在我的从医生涯中，我看到越来越多美丽、聪慧、善良、充满潜力的儿童和青少年，他们的思想和生活正被电子屏幕所控制。他们中的很多人经常不眠不休地盯着闪烁的显示屏，只顾在社交媒体上滚动或戴着耳机听陌生人讨论《魔兽世界》（*World of Warcraft*）的攻略，学业、家庭包括自身都被置之脑后。和我治疗过的那些沉溺于可卡因或酒精的人相比，他们没什么不同。他们的生活被毁了。他们的人际关系根本不存在。他们的身体状况也很糟糕。

为了帮助你了解科技是怎样左右年轻人的生活的，我想讲述一个真实的故事。故事的主人公是一个名叫凯尔的年轻人，他在美国一个小镇的一个充满爱的中产阶级家庭长大。凯尔的父亲是一位分子生物学家；母亲米歇尔曾是一名零售经理，现在致力于为学校中有特殊需求的孩子奔走呼吁。

整个高中阶段，凯尔都成绩斐然。他作为优秀毕业生代表致辞，是毕业班里的顶尖学生。他还是一名同时参加三项运动的学生运动员，学生会成员，荣誉乐队的小号手。他不抽烟，不喝酒。他曾告诉我，他怕这些恶习会影响他未来的前途。但当他进入大学后，凯尔开始感觉到有些疲于应对周围的竞争环境。在高中时他曾经感到过的作为毕业班学生的压力变得越发深重。从他六岁就开始接触，用来减压的电子游戏成了他唯一的避风港。他开始玩游戏玩到深夜。由于无法自我控制，很快他就开始翘课。不久后，游戏便左右了他的生活。他被迫辍学回家。每当父母试图禁止他玩游戏，他就会扑向网络媒体，痴迷地在网站、新闻平台和社交媒体间不断刷屏。

当凯尔无法接触到屏幕的时候，"那是一种极度的焦虑、悲伤和愤怒"，米歇尔解释说。她那个"既有耐心又善良的孩子"瞬间变成了"一个既可恶又无法安抚的暴君"。凯尔对此也痛恨自己。他在两极间摇摆，一面是懊悔自己对待母亲的态度，另一面又恨母亲成为了他与游戏之间的绊脚石。

那时，凯尔与父母天天战事不断，冲他们尖叫，拿头撞桌子，做任何他能做的事，只为避免跟他们谈论关于他玩游戏的问题。对电子产品的使用消耗着他的能量，他说："我活着是为了使用电子产品，使用电子产品是为了活着。我完全崩溃了，沉溺于网络和游戏，无法自拔。"心理辅导不起作用，凯尔使他的治疗师相信，他有办法应付他"所热衷的爱好"，他们认为他只是需要成长。

但是，米歇尔的家庭中流淌着成瘾的血液。她知道儿子已经变成了彻头彻尾的游戏上瘾者。最终她决定采取行动。她给凯尔下了最后通牒：要么去康复治疗；要么米歇尔离家，去与姐姐同住。她已经无法对付儿子的暴怒和抑郁，乌云笼罩在这个家庭的上空。

游戏使人上瘾的力量

无论什么时候，凯尔只要在游戏中使出致命一杀或得以晋级，他就会被多巴胺释放带来的快感击中，这种快感就是通过使我们充满愉悦和兴奋的感觉而工作的。由于我们都喜欢感受愉悦，我们的大脑就会本能地记住什么能带给我们这种感觉。因此少量的多巴胺只会使凯尔渴望更多——更多游戏，更多多巴胺，更大的愉悦感。有一段时间，他感到他所做的一切都是在追求所谓"多巴胺的刺激"。尽管在其中，他感觉自己就是一具行尸走肉。

2018年，世界卫生组织（WHO）将"游戏成瘾"列入《国际疾病分类》中，将其定义为一种对电子游戏的过度沉溺，会对学业、社交或职业造成重大影响，并持续至少一年以上的精神类疾病。

凯尔知道自己情绪抑郁。他从学校退学，没有什么朋友，住在父母家的地下室里。但当玩游戏时，他感到自己又才气勃发；在那里他朋友众多，他可以逃避到一个他能够呼风唤雨当英雄的世界。在康复过程中，他逐渐认识到游戏是在满足他那些未得到满足的原始需求和欲望。这就是游戏让人上瘾的原因，也是他的游戏瘾难以戒掉的原因。

游戏给了凯尔什么

积极强化：通过积累奖励，如找到线索、获得高分、晋级等，凯尔觉得自己的能力在不断增强。当他开始在生活中的其他领域奋力挣扎、跌跌撞撞时，这些奖赏所带来的成就感越发让他陶醉。

陪伴：在 20 世纪 80 年代出现的第一轮游戏热潮中，绝大部分游戏是单人游戏。被称为 MMOs 的大规模、多玩家的在线游戏，是凯尔偏爱的类型，因为他能置身于大的团体中进行游戏，这满足了他对联结的需要。由于和他的队员们已融为一体，退出对凯尔来说是件困难的事。而在真实生活中，他已经与老朋友们失去了联络。他对自己的处境感到尴尬。但在网络上，没有人知晓他的失败。

一个全新的现实：《超级马里奥兄弟》(Super Mario Bros) 那粗制滥造的图像已经成为过去。凯尔沉浸于细节精致、不断变换、美不胜收的虚拟领域。同这些相比，真实世界显得乏味无比。

成为英雄的机会：有些游戏允许凯尔创造自己的人物形象，然后开始一场独一无二的冒险之旅。

追逐下一次多巴胺的刺激

多巴胺不仅在电子游戏中发挥着作用，在我们目前所消费的几乎所有媒体中，都能看到多巴胺的影响。Facebook 的创始人兼总裁肖恩·帕克在 2004 年 Facebook 成立仅五个月时，开始运营这个轰动世界的社交网络，如今他承认此社交平台是建立在某种神经化学物质基础上。帕克说，多巴胺是推动 Facebook 大获成功的秘密武器。

在 2017 年的一次采访中，帕克解释了这种想法是出于"我们怎样才能消耗掉你们尽可能多的时间和有意识的注意力"。Facebook 认识到这需要"时不时给人一点多巴胺的刺激，因为有人会在一张照片或一个帖子上点赞或发表评论"。这会导致用户去分享更多的内容，然后又会带来更多的点赞和评论。"它是一个有关社会认同的反馈循环，"帕克说，"这正是像我这样的电脑黑客能想出来的东西，因为你正在利用人类心理上的弱点。"

自此之后，帕克就离开了 Facebook。正像他所指出的，一旦我们的大脑将社交媒体与一种奖赏联系在一起，我们就想要不断更新我们的信息，以此获得下一次多巴胺的刺激。

回想一下，你在社交媒体上发布你的宝宝的照片，或你自己的美颜照片的时候吧。还记得看到几十条点赞时那种奔涌而至的幸福感吗？那种感觉就来自多巴胺。如果我们做了能让我们存活下去的事，比如狩猎、采摘或建立关系，多巴胺就会被释放出来奖赏我们，由此形成了大脑的正反馈回路。这是一个与生命本身一样古老的原始体系。

这个过程是我们生存的关键。它促使我们去觅食、寻找栖身之处或打开暖气。但是，如果它变得失调，也可能会引起渴望——渴望那代表着社交肯定的美妙绝伦的信息提示音；每当人们转发或点赞你发布的内容时，那声音就会翩翩而至。它让我们感到快乐，感到被爱。但在很多情况下，它会与我们作为个体的自我价值相关联。

在这个时候，我们就需要搞清楚它是怎样导致上瘾的。当我们吃饱后，胃会给大脑发出信号，告诉我们不要再吃了。但社交媒体的应用软件，却蓄意刺激更多多巴胺的释放，对我们体内的提示置若罔闻。甚至当我们已经意识到，不断地刷屏使我们感到愤怒、焦虑或抑郁时，我们的大脑仍然在告诉我们，返回，更新，刷屏。

在20世纪50年代进行的一项著名的心理学实验中，两名麦吉尔大学的神经系统科学家，皮特·米尔纳（Peter Milner）和詹姆斯·奥尔兹（James Olds），在小白鼠的脑部植入了一对小电极。他们把电极放置在小白鼠的伏隔核（nucleus accumbens），这是大脑中用来调节多巴胺产生的区域；当瘾君子摄入芬太尼或赌徒中了头奖时，伏隔核就会产生反应。奥尔兹和米尔纳将其描述为"愉快中枢"。

这两位科学家还在小白鼠的笼子里放了一根杠杆。只要小白鼠碰到杠杆，就会刺激到置于体内"愉快中枢"的电极。在不受干扰的情况下，小白鼠会一次又一次地去触碰杠杆，一天之内次数多达七千次。即使口渴，它们还是会去触碰杠杆，而不是去喝水。它们不顾饥饿，拒绝交配。它们一门心思地去触碰杠杆。

它们的这种行为有没有让你想起些什么？回想一下凯尔，放弃学业，没日没夜地打游戏。既不锻炼，饮食也不健康。他脑子里装的就是去触碰那根杠杆。或许你在认识的孩子身上也亲眼看见过类似的行为——一个十几岁的孩子持续刷社交媒体直到半夜；一个年轻人痴迷于手机，屏蔽了周围所有的人。2017年，一位来自中国广州的17岁男孩在连续玩一款角色扮演游戏——《王者荣耀》（*Honour of Kings*）40个小时之后得了中风，为此几乎送了命。日本政府估算日本大约有115万蛰居族（hikikomori），指的就是那些逃避社会，长年累月闭门不出，持续玩电子游戏或在网上冲浪的年轻人。他们需要父母和家庭对他们施以照顾。

那些意在帮助人们提升生活质量的科技工具，和那些旨在让人深陷其中的科技工具，有着很大的区别。在我看来，孩子们为了他们的目标而主动使用的科技就是积极科技；反之，孩子们被动消费的科技就是消极科技。后者正是利用了孩子为自己的目标服务这一点。

为什么科技旨在让人上瘾

大多数情况下，进入应用软件和社交网站是不收费的。互联网是靠点击率和博眼球来维持的。正如帕克所言，大科技公司的目标就是让用户花尽可能多的时间在他们的网站上。用流行于硅谷经过美化的行话来说，就是所谓的"用户参与"。说到底，Twitter、Facebook和YouTube让我们（指用户）在他们的网站"参与"的时间越长，他们就能够从广告商那里收取越多的费用。

为了保持收入的增长，社交网站和应用软件会不断地使出新的招数与你的大脑作战；这些招数阻止你退出，阻止你删除他们的应用软件，阻止你参与现实生活中的活动。可供他们使用的是数百年来由政府出资进行的关于神经系统科学、心理学、语言学、认知科学和社会行为学等学科的研究。

但是，孩子（和父母）们不了解的是，面对免费的网络服务，他们就不再是顾客，而是产品。像谷歌、Facebook、Instagram，还有亚马逊等公司，一旦你访问了他们的网站，他们就会密切追踪你的喜好、购物记录和位置，这些信息他们可以打包卖给广告商。这将科技公司的高管们置于了某种困境，比尔·达维多（Bill Davidow），英特尔公司的一名前副总裁这样说："他们要么操纵神经系统科学，以获取市场份额，谋求巨额利润；要么就眼看着对手这样做，被别人抢走市场。"

早期由Facebook阐释的神经学代码，引起了人们对其进行破译的广泛渴望，其中最无所顾忌的当数备受争议的加利福尼亚创业公司的多巴胺实验室。这是一家旨在通过向用户灌输应用软件和平台，使用户"惊喜和着迷"的公司。这些软件和平台具有和Instagram、Twitter一样令人上瘾的力量。多巴胺实验室是两位密友的创意，T. 道尔顿·库姆斯（T. Dalton Combs）是一位神经经济学家，拉姆塞·布朗（Ramsay Brown）是一位神经心理学家。布朗说："自从我们在某种程度上了解了这些处理上瘾的大脑部件是怎么工作的，人们便想出了该如何进一步刺激它们，以及如何将这些信息植入应用程序。"他坦言这种能力既让人兴奋，又使人害怕："我们有能力在我们打造的机器学习仪表盘上拨弄几个旋钮，随后世界上几十万人就会悄然改变他们的行为；这种改变以一种不为他们所知的、感觉像第二天性的方式在进行，事实上却是经过精心设计的。"

布朗所说的意思是，有些东西，你也许觉得是出于清醒的决定，但事实上却是工程师正在通过强行控制的方法来改变我们的行为。

开发者用来操纵孩子头脑的七种方式

像肖恩·帕克这样的开发者，还有拉姆塞·布朗这样的神经心理学家，他们恰恰最了解是什么引起多巴胺在我们大脑中大量释放，然后将触发多巴胺释放的科技普遍应用于他们的产品。这些产品通过利用人类最原始的本能：如被爱的需要、沟通的需要、被认可的需要、给予关注并获得关注、胜任感、实现感等来引我们上钩，没有比它们更成功的了。有些人认为，作为父母，我们的工作就是保护孩子，免受这些操纵性策略的影响。但当我们自己都无法识别这些时，又怎么能保护我们的孩子呢？

以下是程序员们用来吸引孩子注意力的常见方式。一旦你意识到它们，你就能教孩子如何辨别并认清它们。这有利于孩子在与科技的博弈中，夺回一些控制权。

1. 红色警报！

我们都知道红色代表什么：紧急！突发！红色是最强烈和最有活力的颜色。事实上，它被认为是"诱因"色：研究表明，红色能够加快你的心率，提升你的血压；并且和其他颜色相比，红色能使人以更快的速度进行点击。

最初，Facebook 的通告都是以蓝色来发布的。这是为了与公司的商标保持一致。Facebook 的标识颜色可真是出了名的千挑万选。之所以选蓝色，是因为它的创始人扎克伯格是红绿色盲，蓝色是他最能清晰辨别的颜色。但是 Facebook 发现，人们往往会忽视这些通告。而当把通告颜色换成红色后，点击量暴增。

业界注意到了这一点。如今你会发现，你的手机上遍布附着在应用软件上的小红点，等待你去打开它们。下次你就知道，当你和你的孩子们坐在一起，你可以掏出手机，向他们展示这些标有红色小圆点的通知；告诉他们，这些通知让你知道，有个信息进来了，或有人点赞了你的"帖子"。你要向孩子们解释，为什么这些小圆点是红色的；当我们看到红色时，如何在生物本能的驱动下想要去打开一个应用软件。你也许还可以给他们演示一下，你是怎样将手机页面切换成灰度模式，这样一切显示都是黑白的，让它变得不那么具有刺激性，看上去更无聊，没那么吸引人。

2. 社会认可

和我们人类对食物和住处的基本需求一样，我们也有一种从属于团体，与其他人形成深度关系的内在需要。Facebook 上的"点赞"和 Instagram 上的"爱心"，便利用了这种对爱和关系的原始需要。

自旧石器时代以来，我们身处的世界已经发生了翻天覆地的变化，但我们大脑的变化并没有这么大。在非洲大草原上，我们得十分小心地维护我们在部落中的社会地位。独行侠和出局者很可能被干掉。你能否存活下来，取决于你是否被需要和被欣赏。

青春期的时候，我们对于社交压力格外敏感，特别渴望融入小团体。我发现我的很多青少年患者，沉迷于在社交媒体上提升他们的存在感，这是一种确认和表现友谊的方式，是人类自远古以来就一直在从事的活动。

如果你碰巧有青春期的孩子，你可以考虑告诉他们：当你在社交媒体发了个帖子，却没有获得任何点赞时，那种感觉是多么难堪和痛苦，因为好似被公众抛弃了。你要让他们知道，虽然那种痛苦的感觉是真切的，抛弃却是不存在的。Facebook 上的点赞并不能衡量一个人的受欢迎程度。真正的朋友爱你的全部，包括你的缺点，你的才华，你古怪的幽默感。研究表明，孩子需要的是一二知己，而非社交媒体上的 800 个好友。

你也可以鼓励他们使用可替代的网络平台，这些平台不追踪用户数据，不打广告，不试图通过点赞和条纹（Snapchat 上设计的一款功能，使用条纹来显示两位用户互动后的天数）来增加使用度。

3. 自动播放与不停刷新

正如 YouTube 和 Netflix 公司知道的那样，要想让孩子（还有他们的父母）留在社交媒体上不退出，最简便易行的办法就是自动播放下一条视频。因此，当 Netflix 公司首次启动这项功能后，即一集结束后，倒数十秒后自动播放下一集，用户的播放量剧增也就不足为奇了。

社交网络常常也采取同样的策略。通过自动补充你的信息，允许你不断刷新等措施，这些网站使用户退出变得困难重重。

下次和孩子一起在 Netflix 上看剧时，你可以在下一集自动播放后按下暂停键，向孩子解释为什么会出现自动播放。并提醒他们，看多长时间的剧，应该由他们自己说了算。

59

4. 可变奖励模式

尽管看起来有些违反直觉，但使年轻人不断查看 Instagram 的最好方式，并不是在他们每次打开软件时给予他们奖励。随意性才是让他们深陷其中的秘诀。因为评论和点赞并不按照固定的时间出现，所以孩子们被迫不断地、情不自禁地查看软件；他们永远不确定什么时候会得到多巴胺的奖励。

科学术语将此称为"可变奖励模式"。如果你不相信这种模式对人会奏效，那么请记住，占了赌场平均收入 80% 以上的老虎机，就是按照这种思路设计的。

科技工程师们利用了美国心理学家博尔赫斯·费雷德里克·斯金纳（B. F. Skinner）的研究成果，他在鸽子身上做了一系列实验，发现了随机奖励的力量。斯金纳让鸽子通过啄一个按钮来获取食物。他发现，他可以通过随机奖励的方式让这些可怜的鸟儿发狂。它们会不断地啄呀啄，希望能啄个好运。有一只鸽子居然连续啄了 16 个小时！

你可以用简单的术语向你的孩子解释，这就是社交媒体的运作模式。每次当孩子打开 Instagram、Snapchat 或 Twitter 时，他实际上就是在拉动老虎机的操纵杆。他得到的奖励是一个吸引人的新闻链接还是一堆垃圾推文，他并不知道。那正是不断驱使他进行信息更新的原因。人和鸽子一样，也渴望可预测性。可变性则是我们的克星。它使我们做出疯狂的举动，比如一天内打开 Snapchat 45 次。

你要教会你的孩子，每天要有清晰的目的，在规定的时间内去查看社交媒体。比如，我儿子乔希有在南非和欧洲的朋友，所以我允许他下载 Snapchat 和 Instagram，但只能在周六下午与朋友联系时使用。

5. 偏爱新颖性

偏爱新颖性简单地说，就是我们人类热爱新事物。我们天生如此。在旧石器时代，辨别出通常预示着危险的新事物并对其做出反应，是生存的关键能力。

如今，它使我们无助地对蜂拥而至的信息做出反应。这就是社交媒体软件不断促使我们打开通告的原因。当提示信息告诉我们，有一条信息或一条新闻报道在等着我们时，我们很难去忽视它。我的建议是教你的孩子关闭信息提示，避免受这些具有随意性的提示的影响。它也是另一种从应用软件及其他平台夺回控制权的方式。

6. 社交控（FOMO，Fear of Missing Out）

社交控，主要表现是害怕错过，是我们整日挂在社交媒体上的主要原因之一，即使我们理性上知道，这完全是一种会导致焦虑的浪费时间。但如果删除社交媒体，我们又生怕错过一个邀请，一场打折销售，或来自一位朋友的信息。对于青少年来说，本来就已经对无法融入、不能参与到一个玩笑中、表现不酷等充满焦虑，这种害怕错过的风险感更是异乎寻常地高。

作为父母，我们的工作是帮助孩子们明白，他们不会错过他们没有看到的东西。我们要让他们知道，不管他们在不在 Instagram 上，真正重要的信息都会到达他们手里。而且就算他们错过了什么，那也没关系。

7. 社交的相互性

由于天性使然，我们总是想在别人伸出手时去回应他们。这被称作社交的相互性。这是一种来回往复的社交互动，使我们想要用一种积极的行为对另一种积极的行为做出回应。

当 Facebook 告诉信息发送人，有一位接受者已经读了他的信息，这就触发了我们固有的社交相互感。Snapchat 和 WhatsApp 将这一步走得更远：一有朋友开始给他们输入信息时，用户就会收到通知。对青春期的少年来说，对回应的需要简直是压倒性的，比搭理父母和放尿急的狗狗出去要紧急得多。对我们旧石器时代的大脑来说，忽视一条 Twitter 上的私信或一位朋友在 Instagram 上发送的请求，简直就像一次具有潜在危险的社交过失。

请你给孩子讲讲，过去那些美好的岁月。那时候，电话挂在墙上，它不跟你一起去散步或上洗手间。没有人指望你全天候在家接听他们的电话。你有空的话自然就会去找你的朋友。这些放到现在仍然没错，哪怕我们的沟通方式发展迅速。你要让孩子知道，他们不需要即时回复信息，帮助他们养成一种把信息晾一边的习惯。教会他们动手（发信息）之前先动脑的重要性，告诉他们永远不要在生气或心烦意乱的时候发邮件。

请正视孩子的意志力吧

每一个屏幕的那一头，都有一个工作团队，他们的工作就是瓦解人们的意志力和个人责任感。在这样的情况下，别说是一个12岁的孩子，就是大人也很难保持一种健康平衡的状态。何况孩子们更容易对电子屏幕和电子游戏上瘾。他们的大脑额叶还没有发育完全；还不具备面对状况时，及时收手，自我反省，采取不同做法的能力。这就意味着孩子面对成瘾性的习惯，缺乏自我调节的能力和长远的视角，而这些正是很多成年人能免于深陷其中的要素。我之所以告诉父母，孩子对科技产品的使用需要父母的引导，原因也在于此。

青春期孩子的大脑面临着更大的挑战。青少年的大脑受到生物化学的驱动，容易做出三种会促使多巴胺产生的主要行为：

- 冒险；
- 尝试新事物；
- 获得同伴赞赏。

这些行为可以追溯到我们人类进化史的某个时期。那时的年轻人需要冒险进入新的领地，需要寻求配偶，需要维持生存。

如今新的领地在网络上，但氛围仍然是险象环生。曾经有一位记者问我，为什么青少年会做出类似"吃洗衣球挑战"这样的愚蠢举动，这可是2018年度最耸人听闻轰动社交媒体的事件之一。你也许会想起，那年有些青少年开始录制自己吞下颜色鲜亮的洗衣球的视频,导致中毒病例大增。我告诉记者,之所以如此,是因为对青少年独特的大脑来说,这种病毒性挑战满足了驱动力产生的全部三个条件:冒险性行为,尝试新鲜事物,将它上传后会引发的点赞和转发。

孩子应该成为靶子吗?

如果你的孩子像我的孩子一样,那他们年轻的生命,一定已经受到了社交媒体或游戏平台的诱惑。科技具有的劝诱性特征,对年轻的、尚在发育的大脑效果特别显著。2017年,一份Facebook公司内部的报告披露,Facebook可以识别出青少年感到"不安全""无价值"或"需要提升自信"的确切时刻。在这份被泄露给《澳大利亚人报》(The Australian)的文件中,Facebook实际上是在向广告商和投资者吹嘘,他们有能力对青少年的弱点大加利用。

科技的侵入正在瓦解古老的传统,打乱曾让我们保持健康、快乐和强壮的生活方式。考虑一下下面的情况吧:

- 在过去20年里,儿童非屏幕游戏时间已经骤降了25%。
- 根据美国一家非营利组织凯撒家庭基金会(Kaiser Family Foundation)的调查研究,目前儿童每天在电子屏幕前的时间为五个半小时。
- 对青少年来说,这个数字超过了七个小时(不包括家庭作业时间)。
- 青少年现在花在社交媒体和网络游戏上的时间超过了他们的

睡眠时间。
- 总的来说，孩子通过屏幕交流的时间要比面对面交流的时间多。
- 2008年，也就是苹果手机进入市场的第二年，人们每天花在手机上的平均时间为18分钟。到了2019年，这个时间延长到3小时15分钟。

但即使是在我的研究领域，即儿童精神病学领域，也几乎没有人就上述这些情况中的伦理问题提出疑问。心理学和神经系统科学这两个我们常常将其与治疗和帮助相联系的领域，一向秉承的是最基本的"不伤害"的原则，现在却被加以利用，将孩子们从家庭作业、睡眠，以及成长的关键行为，如学习、解决问题及掌握现实生活技能中拉出来。

没有多少行业像大科技公司那样手段残忍，不受监管，它们的决策显然不会将孩子的利益考虑在内。因此，在缺乏政府监管的情况下，家长们就需要插手干预。

前科技公司管理者的疾呼

对智能手机和社交媒体相关问题的关注，没有哪里比旧金山附近表现得更强烈了，毕竟那里是新科技的诞生地。在过去的几年里，硅谷的三大巨头——谷歌、苹果和Facebook——的前高管们都开始对他们的产品吹响了哨子，特别是警告这些产品对孩子的影响。

现年40岁的肖恩·帕克将自己形容为一个社交媒体的"良心反

对者"。他说:"社交媒体确实改变了你与社会以及你与他人的关系,但只有上帝知道它对孩子的大脑做了什么。"

查马斯·帕里哈皮蒂亚(Chamath Palihapitiya),Facebook负责用户增长的前副总裁,同样站出来反对社交媒体。正如他所说的:"由我们制造出来的这种短期的、由多巴胺驱动的反馈回路,正在破坏社会。"他直言对自己所扮演的角色充满了"极大的罪恶感"。对于他自己的孩子,帕里哈皮蒂亚补充道:"我禁止他们使用这个垃圾。"

要论谁的发声最为响亮,硅谷的改革者中没人能比得上特里斯坦·哈里斯(Tristan Harris)了,他曾是谷歌的产品经理。在过去的几年里,哈里斯一直鼓励人们放弃他参与创造的科技。他创建的非营利组织——人道科技中心(the Center for Humane Technology),旗下有一支由科技公司前员工和前执行总裁组成的队伍,这些人"深谙文化、商业激励、设计技巧和组织结构在科技劫持人类大脑的过程中起着怎样的作用"。哈里斯说:"最终的自由"是"头脑的自由","人们需要我们团队创造的科技,帮助大家实现生活、感觉、思考和行动的真正自由"。

尽管如此,现实仍然是:科技公司和父母们相比,具有非常不公平的优势;父母中很少有人能真正认识到科技产品的诱惑力,以及它们可以多么轻而易举侵占孩子的生活。科技传道士们往往会提醒我们,这种来自父母的恐慌我们早已习以为常。电话、收音机甚至书本,都会引发父母、教师和官方的严重关切。电视机最初被嘲笑为"广袤的荒漠",它使孩子变得"好勇斗狠,暴躁易怒"。但电视机并没有不断做出调整，使人们越来越上瘾。正如哈里斯所说："人类的心智面对强大的超级电脑及数以亿计的美元"，这就如同拿一把刀和空间激光作战一样。他补充道："我们反思并扪心自问：到底为什么要做这个？"

与此同时，亚洲一些国家的政府已经采取了行动。韩国和中国都出台了相关政策，强迫年轻的游戏玩家在特定时间段退出系统。韩国的"关闭法"实施于 2011 年，禁止 16 岁以下的青少年在零点到凌晨六点之间玩游戏。2019 年，中国颁布了游戏禁令，中国政府认为，电子游戏上瘾是导致青少年近视人数增加和学业表现不佳的主要原因。目前，中国禁止 18 岁以下的游戏玩家在晚上十点到次日早晨八点之间玩网络游戏。新规定对 16 岁以下的青少年做出了进一步的限制，规定他们每月用于购买游戏装备（比如虚拟服装、宠物及武器等）的花费，不得超过 200 元人民币（29 美元）。

识别媒体成瘾

世界卫生组织（WHO）于 2018 年将游戏障碍列为一种可诊断的疾病，这是颇具争议的。我们最初理解的成瘾通常都是由物质，如酒精、可卡因、阿片类药物等引发的。直到 2013 年，行为成瘾被正式列入《精神疾病诊断与统计手册》，在此之前赌博作为一种行为，是否具有成瘾性，已经在精神病学领域热烈讨论了 20 年。

世界卫生组织将游戏障碍列为一种成瘾症，之所以会引发争议，缘于研究人员在对赌博成瘾的人和药物成瘾的人做检查时，记录下了相同的大脑变化；另外，当他们不能再赌时，他们就会心跳加速，全身冒汗。

成瘾归根结底就在于，强迫性地寻求即使会有负面结果的某种东西。成瘾表明，减少对于这种东西的消耗，对成瘾者来说，是件无能为力的事。随着时间的推移，成瘾者会对这种东西产生耐受性，于是就需要更高水平的刺激才能获得满足感。此外，它们会让人产生无法控制的渴望。

因此，当我试图向父母们解释科技成瘾问题时，我首先会建议他们看一下是否存在下述情况：

- **渴望：** 具有做出某种行为的想法、情感、身体感觉或渴望。
- **失控：** 对电子游戏或网络使用缺乏控制力。
- **强迫性：** 对电子游戏或网络使用表现出的兴趣，已经超出了对日常生活中其他事物的兴趣。
- **不计后果：** 尽管已经出现了种种负面后果，如考试不及格、颈部疲劳、体重增加、睡眠不足，花费在电子游戏和网络使用上的时间仍然呈不断延长的势头。

举个例子，如果你的孩子玩电子游戏直到凌晨三点，即使这意味着他明天在学校会状态不佳——成绩单最能说明问题，他也不肯放手，这时候就该干预了。

记住，只有已经严重到了伤害人际关系、中断学业、运动及其他行为的程度，而且这种情况已经持续了至少十二个月，才能算成瘾。但我一般不会等到已经出现严重的负面后果或长达一年之久才干预。不管你的孩子多大年龄，密切关注成瘾迹象，尽早干预。同时，将成瘾常见的风险因素考虑在内：

- 家庭成瘾史
- 心理健康障碍，如焦虑、抑郁或多动症
- 出于同辈压力而使用或参与问题行为
- 父母离异
- 早期使用经历
- 之前有过药物成瘾或行为成瘾

帮助你的小玩家想清楚他们为什么要玩游戏

别害怕，去问问你的孩子，他们认为打游戏有什么充分的理由吗。你要帮助他们理解，虽然有时他们是为了好玩才打游戏，但其他时候，他们或许只是为了暂时放空一下，或者是为了逃避焦虑和抑郁。这是帮助孩子的第一步。一旦你了解了他们为什么连着几个小时打游戏，你就可以建议他们养成新习惯，形成一种或许能满足他们打游戏潜在动机的新习惯。即使解决方案不会唾手可得，但首先要帮孩子想清楚行为和结果之间的关系。以下描述请你好好思考一下，因为你怎么才能帮到孩子，取决于他们属于哪一种类型。

- 利用游戏进行社交的孤独型玩家，可以从培养新的社会关系中获益。你可以帮他找个俱乐部或参加某项活动，在那里他可以交到新朋友。

- 利用游戏逃避被取笑或被霸凌的逆来顺受型玩家，可以通过学校介入、自信心训练，乃至参加可帮他建立信心的武术课，从中获益。
- 利用在线游戏作为消遣的无聊型玩家，可以从不同类型的认知刺激中获益，比如读小说或学习一种新的运动。试试头脑风暴，或和你的孩子一起观看有趣的、搞笑的、能够带给你们新体验的纪录片或电影。

这对我们的孩子意味着什么

说到上瘾、焦虑、抑郁和其他心理健康问题，总是会伴随着先有鸡还是先有蛋的争论：是精神抑郁的人发现药物或酒精能麻痹他们的痛苦，从而导致上瘾？还是酒精导致了抑郁，因为酗酒使他们的生活完全失控？这常常是很难区分的。

有数据显示，在成瘾青少年中，大约有70%的人同时也有心理健康问题，反之亦然。只有极少数被诊断为成瘾的人没有任何心理健康问题，不管是焦虑、抑郁、注意缺陷/多动障碍、创伤后应激障碍（PTSD）、进食障碍、躁郁症，还是其他病症。科学上支持"共同原因"概念，意思是指问题始于同一个地方，并共同并行。

数据还清晰地显示出，具有心理健康问题或易成瘾的青少年，发展为科技成瘾的风险要高得多。通常意义上，我们知道成瘾的种子是在孩提时期或青少年时期播下的。对于科技成瘾来说，它是通过两种机制完成的。

1. **反复使用**。这使得大脑进入了重复寻求多巴胺的状态，或者说寻求快感的状态。反过来又会建立起随着时间推移越发强大的神经通路。很快这个习惯（多巴胺刺激）就会成为孩子大脑中占主导地位的通路。
2. **把科技当成一种应对技能来反复使用**。年轻人为了从负面情绪中逃离，变得依赖于短期快感，这会阻碍那些通过健康方式应对压力、难过和其他负面情绪所需要的神经通路的发展。

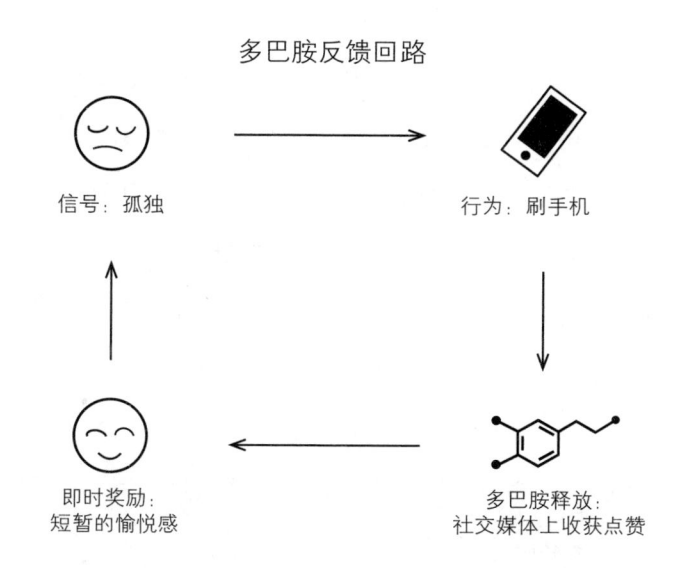

多巴胺反馈回路

信号：孤独 → 行为：刷手机 → 多巴胺释放：社交媒体上收获点赞 → 即时奖励：短暂的愉悦感 →（回到信号：孤独）

鉴于成瘾是一种神经可塑性疾病，因此重复性是必不可少的。当神经通路与外部关联，比如查看社交媒体与一种短暂的愉悦感或从焦虑中暂时逃离之间形成了一个强大的回路，反复性就产生了。

面对焦虑的孩子，父母允许他跟网上的朋友联系，或允许他打游戏来缓解考试压力，这样做可能会在不知不觉间使成瘾变得难以控制。问题在于，用科技来自我疗伤比用大麻或酒精好不到哪去。被我们视若珍宝的孩子需要的是支持、引导，有时还有治疗，以帮助他们对付潜在的问题。当他们采取正确的方式时，那些成瘾的行为就会变得可控，甚至消失。

是的，恐怕我们得谈谈色情了

对绝大多数父母来说，网络色情是一个让人不适的主题。原因有很多，诸如拒绝、无知、耻辱、难堪和羞愧等，这使父母们无法将其拿到台面上与孩子交流。还有一些父母，特别是父亲，倾向于认为儿子上色情网站是成长的一部分，无须大惊小怪。他们或许记得他们年少时，曾经相互传看的那些黄色杂志或图片。但如今孩子们的体验，与父辈、祖父辈们可有着天壤之别。今天的网络色情更形象，更栩栩如生，有时甚至是现场表演，更让人无法自持。

我儿子六年级的时候，偶然间看到了一些色情电影的场景。他被深深地困扰其中，用了好几天的时间才缓过劲来。我想提醒父母的是，一旦你的孩子看到这些影像，他们就不能不看了。

我儿子绝不是个例。最近由印第安纳大学（Indiana University）性健康促进中心主持的一项研究表明，36%的青少年男孩子表示看过男性向女性脸上射精的视频，1/3的男孩和女孩看过BDSM（绑缚与调教、支配与臣服的性行为）的视频，26%的男孩和20%的女孩看过双阳具插入的性行为的视频。与网络色情相关的另一个问题是，有些青少年将在网络上看到的这些内容作为性行为的指导。有些孩子无法分辨什么是真的，什么是假的。2016年，英国的一项研究表明，53%的男孩和39%的女孩认为色情作品是"真实的"。

大多数父母没有认识到的是，网络色情也会向年龄更小的孩子伸出黑手，由此造成的影响是毁灭性的。我在从医实践中见过许多成年男子，他们自述青春期时对色情内容的滥用毁了他们的一生。

还有些人是偶然接触到色情的：就像我儿子那样，可能正在谷歌上搜"蟒蛇"；结果呢，进入了一个色情网站。亚历山大·罗德斯（Alexander Rhodes），一位来自匹兹堡的网站开发者，一家反色情网站的创始人，也经历过类似的遭遇。他成长于一个遍布电脑的家庭，父亲是一位软件工程师，母亲是一位作家。当罗德斯11岁时，他误点了一个横幅广告，结果里面是有关强奸的影像。他的好奇心被激发，于是就一直不停地去点击。

这种最初的好奇心最终演变成了对色情内容的每日打卡。强迫性行为成了戒不掉的瘾，面对色情内容，他一天手淫多达14次："我依赖色情，把它当成某种精神上的支柱。"罗德斯说，"如果经历了什么糟糕的事，我就会去色情网站，因为它一直在那里。"

但是那些用逃避现实来避免解决问题的人，早晚都得面对现实。如果孩子不去处理他们更深层的问题，问题不会自动消失。他们在幻想中沉溺的时间越长，他们处理现实生活问题的精力就越少。不管他们用来麻痹神经或掩饰痛苦的是什么，最终都有可能成瘾。

色情成瘾和由色情诱发的勃起功能障碍是心理学家、精神病学家和研究者们研究的热门主题。这些诊断尽管还没有被医疗机构所公认，但我相信很快就会实现这一点。当我们看到孩子们对暴力的性影像开始变得麻木，我们知道，这与建立关系的困难程度有关，也与提高了性兴奋度有关。

很多利用网络色情来度过青春期的年轻人表示，他们对寻求性伴侣的兴趣降低，很难在性行为中兴奋起来；没有色情内容的话，他们就无法达到高潮。罗德斯认为，一个人在网上短短几分钟所能看到的女人，比一位原始人一生见到的可能还要多。因而发生的"超级刺激"所产生的行为后果，与药物、酒精或赌博给大脑奖励中心带来的后果相似。确实，剑桥大学在2014年利用脑成像技术做的一项研究表明，色情成瘾的大脑对色情信息的反应，与药物成瘾的大脑对药物信息的反应是一样的。

及至罗德斯上了大学，他患上了他所说的"由色情诱发的勃起功能障碍"。他头次约会的时候，只能通过对色情作品的幻想，才能保持性行为过程中的勃起状态。而当他把注意力仅仅放在女朋友身上时，却什么效果都没有。这对他来说是个转折点，"我当时情绪十分低落，苦苦地寻求答案，想知道为什么感觉自己像是个奴隶。"

最终，他及时地戒掉了沉溺色情的习惯，并通过创建色情康复平台"戒撸"（NoFap，fap是手淫的俚语表达）来帮助他人。这个网站的服务对象是那些想要逃离色情的男性。它提供了一个计数器，对一个人戒除手淫的天数进行准确的追踪；并对具有里程碑意义的一些数字如一周、一个月或一年，没有对着色情内容进行手淫，给予奖章奖励。

对网络色情敲响警钟，我是坚决赞成的。这需要让父母知道网络色情会带来的严重后果，并以更具影响力的方式将其纳入数字安全课程中。有关色情成瘾的问题，有必要进行公共讨论和获得公共认知，采用与赌博者或网络游戏成瘾者相似的治疗方式，帮助他们重回大脑奖励中心的正常状态。我们已经失去了太多本该拥有大好前程，却坠入网络色情黑暗深渊的年轻人，他们绝大多数是男性。

网瘾少年还有希望

作为一名资深网络游戏成瘾的年轻人，凯尔同意进行康复治疗。但对他妈妈米歇尔来说，寻求恰当的治疗手段困难重重。亚洲作为网络游戏开发、使用和成瘾的中心，旨在帮助戒掉无法控制的游戏瘾的治疗机构已经存在了多年。而在北美，却很难找到游戏瘾康复中心，对现有项目的需求很高。

起先，米歇尔考虑送凯尔参加西雅图附近的一个家庭康复项目，但是前七周的护理费用就高达三万美元。而且排队等待的人已经排到了几个月之后。后来，米歇尔发现了一家名为"最后一扇门"的家庭治疗中心，它位于英属哥伦比亚省新西敏市，就在温哥华郊区。这家治疗中心专门针对网络成瘾，收费比西雅图那家低了2/3。过去几年，我推荐许多病人去了"最后一扇门"。对有些人来说，这真是他们最后的选择。

对凯尔和其他很多病人来说，"最后一扇门"简直就是老天的恩赐。在到达"最后一扇门"前，他住在父母的地下室，"每天都在自我毁灭式地打游戏，完全无法生活"。他不是为了愉悦而打游戏，而是只有打游戏，他才不会感觉更糟。对此，他的解释是，"打游戏是一个存活机制"。当他第一次走进他的六人小组见面会时，所有年轻人都开始反复吟唱"我们的一员，我们的一员，我们的一员"，并拍拍他的后背。他感觉被接纳了。就在那次见面会上，凯尔开始倾听其他小伙伴的谈话，谈话内容是他这些年来感同身受的。头一次，他感觉到了希望。

他被禁止使用电子产品，一旦发现，他就会被遣送回家。渐渐地，他学会了怎么社交，如何运动。在"最后一扇门"，病人们需要帮忙做家务。凯尔的主要任务是在厨房学习做饭，学习怎么吃得更健康。慢慢地，随着他发现了生活的新方式，他感觉到那种想要打游戏的欲望越来越弱。折磨他数年之久的抑郁也开始好转。

离开"最后一扇门"之后，凯尔重返校园，最终成了一名高中数学老师。后来，他又攻读了硕士学位，并成了一名校长。至今，他的游戏瘾没有复发。

克服上瘾或坏习惯的最好方式，往往是先用另一种习惯，甚或用一种消遣，来代替最初的习惯。当凯尔反思自己游戏上瘾的问题时，他明白了，正是与其他游戏玩家的互动，缓解了他的孤独感；因此从长远来看，活跃的社交生活和教师这份有意义的职业，让凯尔从根本上克服了游戏上瘾。他每周参加三次匿名戒毒会议，并帮助管理当地的匿名戒毒分会。他有个交往近一年的女朋友，最近还带她回家见了父母和姐姐。"我本不可能活到现在，更不要说过着这么精彩的生活。"凯尔说。

说到潜在成瘾的问题，尽早行动总是最好的。即使你的孩子已经深陷其中，采取行动也永远不晚。

请记住：

- 多巴胺通过使我们感到愉悦和兴奋来发挥作用。我们所做的任何能触发多巴胺释放的事，就是我们想要一而再，再而三地去做的事，只为了获得潮涌般的愉悦感。
- 多巴胺是上瘾的关键神经化学物质。
- Facebook 的创始人肖恩·帕克承认，这个网络平台的设计，不是为了将我们联系在一起，而是使我们上瘾，让我们分心。其他很多科技公司的高管也纷纷发声。
- 很多社交媒体平台和网络游戏公司的目标就是触发多巴胺的释放。最成功的科技便是利用人类根深蒂固的需求，如获得社会认可、猎奇、社交相互性等来使我们上钩。
- 当某个在线服务是免费的，你就不再是它的顾客，而是它的产品。
- 2018 年，世界卫生组织将游戏成瘾列入《国际疾病分类》第十一版（ICD-11）目录中。
- 儿童和青少年特别容易受到电子屏幕和游戏上瘾的侵害，因为他们的大脑额叶还没有发育成熟，在长远计划和自我调节方面还存在困难。
- 青少年时期的大脑有着独特的驱动模式，喜欢冒险、猎奇和获得同伴赞赏。

- 成瘾往往是重复性习惯的结果；或者是一种自我疗伤，从潜在的心理健康问题，如焦虑、抑郁或多动症中转移注意力的方式。
- 网络色情是个让人很不舒服的话题，但它正在以一种比绝大多数父母所意识到的更为隐蔽的方式，逼近更加低龄的孩子。

解决方案

在这一章中，我们探讨了主打愉悦／奖励的神经化学物质多巴胺，当它在大脑中不恰当地释放时，会如何对人的行为产生负面影响。我们知道多巴胺会在我们狩猎、采集和联络情感时释放出来，对事关我们生存的行为给予奖励。我们也看到了科技公司的黑暗面，它们是如何设计产品，让我们在使用时大脑中产生过量的多巴胺；又是怎样促使我们不断回到产品中，渴求更多的多巴胺。

在接下来的几页，你会看到这样一些建议，即如何接触和监督孩子的个人设备，使科技成瘾的风险降到最低，避免那些可能使孩子以后易受到强迫性行为影响的行为。另外，这部分还会展现一些你需要当心的成瘾迹象，提供给你一些策略，帮助你的孩子从可能操纵他们生活的科技中果断抽身。

关键策略

不要

因为"人人都在玩",就假定你的孩子不会受到伤害。

认为孩子在童年时期需要科技以"不落人后"。

给你的孩子一部私人手机或平板电脑。

自身沉溺于科技产品中。

要

像介绍车钥匙一样介绍科技产品。

构建和支持健康的电子设备使用习惯。

循序渐进地增加特权和自主性。

当心科技滥用与科技成瘾。

一旦出现迹象,及时干预。

避免

引导你的孩子远离任何会导致多巴胺激增或者带来强烈快感的技术。其中包括在线赌博和色情产品。对此要尽量避免涉足,并且避免的时间越长越好。

限制和监督

完全避免网络游戏和社交媒体可能是不现实的。不幸的是,几乎所有的科技产品都含有某些劝诱性的设计成分。因此,父母们就需要对孩子使用科技产品进行监督;特别是在使用初期,这种监督更为重要。一直到孩子了解操作方法,并能够对使用进行自主调控之前,父母都需要对孩子的网络游戏和社交媒体使用进行探讨、限制和监督。

如何通过个人设备帮助孩子培养自律的习惯

你永远不会将车钥匙往孩子手里一塞就万事大吉，你得跟他们聊聊车，给他们上驾驶课，上高速前先在地方公路上跑一跑。与此相似，在没有教会他们安全使用之前，我们也不会放心把强大的令人上瘾的科技产品交给孩子。随着他们年龄渐长，表现出越来越强的理解力、责任心和技能时，我们再让他们慢慢接触更多的科技产品。

因此当你给孩子一部手机或一台笔记本电脑时，记住要与孩子一起明确清晰的界限。请遵照下面的步骤，随着时间的推移，逐渐赋予他们更多的责任。不要忘记每一步都要对他们进行社交、情感和时间管理技能的持续监督与帮助。

首先，我有一个重要的建议希望父母们能遵照，那就是：拜托，拜托，拜托不要给你的孩子一部手机或电脑。不要把手机或电脑当作一份生日礼物或圣诞节礼物送给他。如果你愿意，你可以买一部专门的手机供他使用。但是一定要说清楚，手机还是你的，他们可以借用；但是如果使用不当，你有权把手机收回来。同样的逻辑也适用于游戏机和其他任何各种各样昂贵的科技设备。重要的是要确定：你是那个控制供给的人。

在交付电子设备之前：

- 和你的孩子聊一聊，搞清楚这个设备是用来干什么的。
- 订立家庭公约，可以部分或全部采用以下内容。

- 留出禁止使用电子屏幕的家庭区域（餐桌、汽车、卧室），确定每日禁止使用电子屏幕的时间（吃饭、做家庭作业、读书、睡觉）。
- 在家时，所有电子设备通知和自动播放的功能必须关掉。
- 每周选择一天作为家庭电子设备禁用日。
- 可以的话，在孩子睡觉前两个小时至次日早晨上学期间，关掉无线网络。
- 在公共区域设置家庭充电站；当设备不使用时，每个人都把它们插在那里充电。
- 让你的孩子明白，你需要知道他们所有的密码，还会定时检查他们的手机。他们越快表现出在使用电子设备时的自律意识，就能越快获得隐私与独立。

在电子设备使用初期：

- 电子设备应该用来与父母、老师和朋友就实际问题进行交流，比如做家庭作业或拼车等。他们可以给朋友发短信搞清作业情况，但不是为了社交。刚开始的时候，社交最好是通过面对面的方式进行。
- 不允许使用社交媒体、网络游戏等应用软件。应用软件的使用是一种特权，它得靠个人赢取。告诉他们使用这些软件就像在高速公路上开车，你得先学会在地方公路行驶才能上高速。
- 密切关注孩子们在使用电子设备早期的时间管理、情绪调控和社交技能，确保他们能控制自己的行为。

一旦他们表现出基本的能力：

- 可以给他们多一点特权，比如，可以在聊天群里与朋友们交流。
- 保持对他们在电子设备使用上的限制；如果你的孩子想要更多时间，要问清楚他们计划怎样安排这些时间，怎样进行自我控制。
- 随着特权的增加，要及时与孩子沟通；请他们打印出近期的浏览记录，讨论他们所浏览的内容，询问他们都使用了什么社交媒体，感觉如何。
- 交给孩子一些任务，让他们帮忙指导弟弟妹妹、表弟表妹、邻居朋友等。教导别人是巩固自己已有认识或控制力的绝好方式。
- 要对犯错有预期！挫折是不可避免的，它也是学习过程的一部分。这时候，放下手机休息一下也是不错的。

假如你的孩子看上去有了网瘾怎么办

了解风险因素

你也许有一种直觉，你的孩子与科技产品的关系可能正在对他造成伤害。研究表明，那些有成瘾倾向的孩子会存在以下可辨认的风险因素。你的孩子是不是具有以下这些可能成瘾的特征呢？

- 和同龄人在建立和保持关系方面存在困难。
- 在社交中经常有孤立或孤独的感觉。
- 存在焦虑、抑郁、多动或精神错乱等心理健康问题。
- 存在冲动控制问题，如愤怒管理或注意力缺陷。
- 存在成瘾问题，如酒精、药物、购物、性或赌博成瘾等。

如果你在孩子身上看到了上述的一些风险因素，并不一定意味着你的孩子正在与成瘾做斗争，但这确实意味着他们在未来发展为成瘾状态的概率会更大。利用这些知识来调整你对他们科技产品使用的监督方式，密切注意他们的行为。

观察症状

接下来是观察征兆和症状。科技产品成瘾有很多身体和行为上的迹象，对此你要时刻提防，以确定你的孩子是否在科技产品使用方面已经出现了问题。除了本章前面探讨过的成瘾的警示迹象——渴望、失控、强迫性、不顾后果——之外，看看你的孩子是否表露出以下科技产品成瘾的症状：

- 目不转睛地盯着屏幕。
- 长时间保持同一个姿势（颈部弯曲，身体僵硬，推他时纹丝不动）。
- 不愿收起电子屏幕。
- 当有人对他们的行为进行评论时，会发怒或产生防御反应。

- 耽误甚至取消基本生活项目,如吃饭、喝水、活动、运动、睡眠、现实生活中的社交联系等。
- 在个人护理方面出现疏忽(刷牙、洗澡等)。
- 就电子屏幕问题与家人产生冲突。
- 从以前很喜爱的积极活动中退出。
- 社交孤立。
- 一旦离开屏幕就感觉焦虑或抑郁。
- 电子屏幕不在手时,老想着回到它们旁边。
- 采取措施以掩饰他们上网或玩游戏所用的时间。

以一种冷静与合作的态度与孩子交谈

和孩子谈天是一种很好的方式,它可以帮助我们更多了解孩子使用科技产品的感觉。如果你以一种冷静、合作的态度走向孩子,怀抱真诚的兴趣,切实地聆听他们的回答,你或许会惊讶于他们将要告诉你的事情。如果你的孩子看上去在自我调节方面有问题,而你又想了解得更多,那么不妨就下列问题对他们进行提问:

- 你有没有发现,你对游戏/社交媒体的渴望超出了自己的想象?
- 有没有这样的时候,就是你也许并不想,但却很难不去玩/使用电子产品(比如,你想做作业但你仍然渴望玩游戏或查看社交媒体)?
- 当你不能玩游戏或上社交媒体时,你是不是发现自己情绪很坏，焦虑、易怒或感到无聊？
- 当你情绪不佳时，你是不是会求助于电子屏幕来解决问题？
- 你是否在电子屏幕前流连的时间远远长于你的初衷？
- 你有没有一次次尝试减少自己的屏幕使用时间，却总以失败告终？
- 你有没有出现过度使用网络所导致的身体症状（头痛或眼疲劳）？
- 你有没有因为使用电子产品，在上学时间或课外活动中出现问题？
- 你有没有因为使用电子产品，与家人或朋友之间的关系出现了问题？

如果你识别出了任何一种风险因素，或在孩子身上观察到了成瘾迹象，或对上述任何一个问题孩子的回答是肯定的，那么我强烈建议你最好在专业医护人员的陪同下，做进一步的评估。如果你感觉孩子已经面临着网络成瘾——或潜在网络成瘾——的问题，请继续阅读，以了解更多可以帮助孩子减少电子产品使用的方法。

如何帮助孩子摆脱使人上瘾的科技产品

很多父母告诉我，帮助孩子最重要的一步，就是做出坚定而富有同情心的决定。他们苦心孤诣地在有原则的爱和有弹性的坚定之间谋求平衡，在用爱的双臂环抱孩子的同时，清空了家里的电子设备。今年夏天《堡垒游戏》(Fortnite)上线时，我们把Xbox游戏机放在丈夫办公室里好几个星期，以消除玩游戏的诱惑。这个行为终止了很多家庭冲突，恢复了家庭平衡，可能还能阻止未来与成瘾有关的问题。

作为一名成瘾医学领域的精神病医生，我在工作中近距离接触孩子、青少年和年轻人已超过20年，我完全相信成瘾是可以克服的，特别是对年轻人来说。成瘾是一种被高度污名化和误解的现象，由此造成对它治疗的障碍重重。然而，我一次又一次看到，当父母介入、家人同心、大脑重组时，年轻人坚持了下来。早期干预是十分有效的，所以千万不要有顾虑，去找专业人士谈谈吧，即使你觉得自己的忧虑可能被放大了。

如果你担心孩子过度使用了让人上瘾的科技产品，可以试试"六周六步骤"方案，帮助孩子评估他们的科技产品使用习惯，重新平衡他们对科技产品的使用。在更极端的情况下，你将需要专业人士的帮助。但不管你的孩子是慢慢减少对有问题的科技产品的使用，还是马上彻底戒除，他们都需要你的支持。一般来说，普通人需要90天的持续坚持，才能重塑一个习惯。因此，你的孩子可能需要三个月的辛苦努力，才能彻底摆脱对游戏或屏幕的沉迷。在此之后，事情就变得简单多了。但他们仍然需要支持，方能把持住自己，抵抗日常生活中的诱惑。

在你开始介入之前，请记住以下几点。

寻求帮助：如果没有专业人士的帮助和强大的同伴支持，治疗真正的成瘾是很难的。找咨询师、家庭医生或精神科医生评估潜在的医学或心理健康问题，可能会有帮助。而且在你对孩子有安全（比如担心孩子有自杀念头、自残行为）、暴力倾向、离家出走以及可能会合并出现的心理健康方面的顾虑时，他们可以提供必要的支持。请对诸如家庭治疗、个体咨询、团体治疗和药物治疗等方法持开放态度。我常常会给孩子和青少年开具各种医疗处方和不致瘾的药物，它们在治疗脱瘾、成瘾或心理健康疾病方面十分有效。

特别需要说明的是，网络色情或赌博成瘾在专业治疗人士的帮助下，往往能够得到很好的控制（前面在对网络色情问题的探讨部分提到过）。针对每种成瘾，会有各种具体的干预措施；针对你孩子的情况，专家会帮你做出最好的选择。

要对脱瘾症状有预期：脱瘾症状与成瘾症状带来的快感截然相反。要向你的孩子解释，如果电子产品能帮助他们放松、应对压力、联络朋友，那么在戒掉这个瘾之后，他们最初可能会感到更焦虑不安、压力更大、更孤立无依。

寻求同伴支持：同伴支持在凯尔和罗德斯的康复中起了重要作用，因为它非常有效。找到遭遇相同的人，有助于你的孩子应对羞耻感、负罪感和愤怒感。对于什么能让人重回正轨，什么会导致旧瘾复发，孩子们可以听到有价值的故事和各种观点。最重要的是，他们能接近一群在戒瘾路上理解他们并提供支持的同伴。

改变环境：根据成瘾的严重程度，你可能很难让你的孩子继续待在一个具有触发因素的环境中。因此改变环境也许会有帮助。你可以试着改变他们的居住环境或重新布置他们的卧室或地下室；如果可能，把问题产品从家里移除。你也可以考虑让他们暂时与亲戚或密友住在一起。周末与爷爷奶奶一起度过对你的孩子或许会有好处。如果是夏天，可以考虑安排他在外面宿营。让孩子参与到以前的爱好或运动中，或者培养一个新的爱好或运动习惯，都能起到很大的作用。

我曾经有个病人，对他来说，比萨的味道、他的地下室、嘻哈音乐，还有某些衣服，都是网瘾的触发因素，都会唤起他的渴望。我们只好更换了他位于地下室的卧室，让他远离所有电子屏幕长达两周（除了在监控下完成家庭作业以外）。然后慢慢地，历时三个多月，在新环境下为他重新设置健康高效的屏幕使用时间。

在密切监控的情况下再次引入科技产品：当脱瘾阶段结束后，你的孩子需要帮助，为改变之前依赖于科技产品的所有情绪与状况养成新的习惯。例如，如果他们利用科技产品来对付压力，那么现在他们就需要学习新的应对技能。你的孩子在远离那些曾经让他们如痴如狂的旧神经通路（他们的老习惯）方面也需要帮助。重申一下，在你将科技产品以缓慢的、被密切监控的方式重新引入孩子生活的过程中，教育、专业帮助、应对技能、同伴支持、娱乐活动和时间，都是保证他们网瘾不复发的至关重要的因素。

04

压力

皮质醇和让孩子
从生存模式转向成长模式

我们现在的一切都是我们所想的结果。

——佛陀

💬

"学校里每个人都在玩手机，不管是在校车上，课间休息时，还是在课堂上。"这是我的小病人——13岁的陈告诉我的，在她的描述中，学校变成了一个孤独的地方。"没有人再说话了。"她补充道。

午饭时，陈和她最好的朋友坐在一起。但她说，她们很少交谈。像他们中学的其他少年一样，她们整个休息时间都盯着手机，手指默默地在屏幕上滑动，不断地在抖音、YouTube 和 Snapchat 之间切换；对屏幕上出现的内容，报以无声的微笑。

陈每天早上睁开眼睛的第一件事不是去洗手间，而是查看社交媒体。这也是她每晚入睡前做的最后一件事。进入八年级前的那个夏天，她几乎都是在房间里度过的，拿着手机蜷缩在床上，滑屏，点赞，发帖，评论。她很少去找住在周围的老朋友们；她没有时间，网络社交耗尽了她的全部心力。

这就是智能手机时代的初中生活。

社交媒体是否让你的孩子感到压力和孤独？

近年来，在重新塑造了世界的所有科技趋势中，没有什么比社交媒体的影响更大的了。在对青少年的心理健康造成的巨大影响上，也是如此。当社交媒体刚出现时，它似乎提供了一个人人都可以分享彼此经历的空间。对一些年轻人来说，最初的梦想是建立一个联系更加紧密的世界，而现在却导致了排斥、压力以及严重的孤独、焦虑和抑郁。

我和我的朋友们成长于20世纪80年代，我们在电视上或时尚杂志上看到身着比基尼的名人的照片后，偶尔会评论说，自己也想拥有更好的身材。在有些星期一，我希望自己受邀参加了大家都在讨论的周末举行的那场好玩的派对。但是有关"酷孩子"们在做的事，我的所见所闻都十分有限。我仍然拥有着自己的小小朋友圈，我们说说笑笑打打闹闹，一路走到当地的7-11便利店吃午餐。但有了社交媒体之后，今天的青少年可以无休止地沉迷于同学的冒险旅行、别人的完美身材，还有最新的时尚资讯。他们常常无法自拔，尤其是当他们的Instagram上充满了虚假的、加了滤镜的照片，他们的朋友、同学在午餐和休息时间盯着手机不放的时候。

我前面已经提到了一个可以准确描述这种现象的词："社交控"。这是一种无言的痛苦，它来自于目睹你的朋友和同龄人在没有你参与的情况下，玩得十分尽兴。我们随时可以看到朋友们在滤镜下的生活，我们也会将自己乏味的生活与别人经过伪饰的光鲜加以比较。社交媒体加剧了被排斥、孤独、不安全、稀缺甚至是羞耻的感觉，这是绝大多数成年人从来没有体验过的。但是很少有青少年能培养出足够的情感资源来应对刷社交媒体信息带来的冲击和不安全感。

在社交媒体上，人们永远都在拿自己与别人比较，青少年太过内化的信息是令人不安的：

- 每个人都比我聪明；
- 每个人都比我好看；
- 每个人都比我受欢迎；
- 每个人都比我有钱；
- 每个人都比我快乐；
- 这个列表还在继续……

这种思考方式常常使年轻人自我感觉特别糟糕，对他们不完美的服饰、父母、朋友、社交生活备感焦虑。他们担心自己的夜生活或度假的照片不符合标准。社交媒体空间也会使人产生虚假的亲密感及一种让人担忧的责任感的缺失。你可以随意删除某人，你也可以凭空消失。直到网络上的社群突然不存在了，它才让人感觉是虚假的，让你徒感空虚与孤独。

陈是我的病人，她还在上初中，她告诉我她感到自己已经不再是孩子了。六年级的时候，当她所有的朋友都拿着下载了 Snapchat 和 Instagram 的手机时——尽管他们没有一个达到网站要求的 13 岁的用户使用年龄——陈放弃了她曾经热爱的一切活动：课间休息时跳绳、建堡垒、玩史莱姆、在草坪上翻跟斗。当她开始来我这里就诊时，她需要对付的是一些非常成人化的问题，包括社交控、焦虑、抑郁和自杀的想法。

像陈这样的年纪就表现出自杀倾向的病人，倒退 15 年，对我来说还是很少见的。但如今她已经不再是个例。我的病人中有一半跟她年龄一样大甚至比她还小。

很多数据印证了我在温哥华从医时的亲眼所见。在过去的 10 年里，抑郁、焦虑、形象问题、自杀行为及诸如割腕等自残行为的发生率迅速上升，在 10—14 岁的女孩中尤其如此。这折射出在年龄较大的女孩中，这些行为在令人担忧地增长。社交媒体的影响当然不局限于女孩子，但因为女孩往往是社交媒体的主要用户，因此在她们身上社交媒体的影响表现得更显著些。而且随着孩子拥有他们第一部手机的普遍年龄普遍降到了 10 岁，那么看到和陈同龄的孩子，也就是我们所说的"Z 一代"（特指 1995 年之后出生的孩子）开始出现心理问题，我们不应该感到吃惊。原因我在之后的章节里会进行解释。

Z 一代身上发生了什么？

珍·特文格（Jean Twenge），圣地亚哥州立大学的社会心理学教授，研究代际差异方面的领军人物，开始注意到了青春期女孩在行为和情绪状态上的突然变化。起初，她和其他研究者认为这只是暂时现象，但这种趋势却持续了好几年。正如她在其著作《i 一代》（*iGen*）和所有关于代际数据的分析中——有些数据可上溯到 20 世纪 30 年代——所言，她从来没有见过这种情况。

把 Z 一代所受的折磨归罪于互联网的使用，一开始特文格对此是持怀疑态度的："对于青少年身上出现的消极心理健康问题，这种解释看上去太过简单，而且也缺乏证据。"她写道。但她越是进一步寻求解答，越是回到了两条显然不相关的趋势线上：青少年心理健康问题的增长和智能手机的使用。

女孩中孤独、抑郁和自杀行为的发生率突然增长是在 2012 年。这与智能手机达到市场饱和状态的时间恰好吻合，当时超过一半的美国人称自己拥有一部智能手机。来自美国的数据还显示，青少年与朋友和恋人在一起的时间显著下降：

- 婴儿潮一代（指 1946 年至 1964 年出生的人）和 X 一代（指 1965 年至 1980 年出生的人）中，大约 85% 的人在十二年级时开始约会；到 2015 年，这个比例下降到了 56%。
- 在 20 世纪 70 年代末，52% 的十二年级学生几乎每天都跟朋友在一起；而 2017 年这个比例只有 28%。这种下降的趋势从 2010 年后变得尤为显著。
- 在十二年级的学生中，2017 年的调查显示，39% 的人经常感到孤独，高于 2012 年的 26%。
- 2017 年，38% 的十二年级学生表示他们常常感到被冷落，高于 2012 年的 30%。

当青少年开始花更多时间在手机和社交媒体上，与现实生活中的好友交流越来越少，青少年心理健康令人担忧的趋向不仅引起了研究者，也引起了像我这样的精神病学家的关注。这种变化在女孩身上比在男孩身上表现得更为显著：

- 2012年至2015年间，青春期女孩患抑郁症的人数增加了50%，而男孩是21%。
- 自2010年以来，女孩的自杀行为增长了70%，而男孩是25%。
- 过去十年，因自残而入院治疗的15—19岁的女孩增加了62%，10—14岁年龄段的女孩，入院率飙升了189%。

这些趋势并不仅限于青春期的孩子，大学年龄段的年轻人也受到了影响：

- 2017年，大一新生中自述感觉"不堪重负"的比例从2010年的29%上升到了41%。

抑郁和自杀无疑有很多原因，因此，要想搞清楚青少年为什么突然间要与令人不安的高比例的孤独、焦虑、自杀和抑郁做斗争，这对研究者提出了很大的挑战。他们可以证明这些现象与智能手机的使用之间存在相关性，但却无法证明因果性。尽管如此，在相对短时期内发生的数量巨大的增长，这个事实有助于缩小潜在原因的范围。

在 Instagram 问世之前很长一段时间，焦虑和抑郁就已经存在了。但是全天候地对 Snapchat 做出回应，在社交媒体上发帖，过分关注同龄人出色的、加了滤镜的行为举止，并不是 X 一代必须面对的。甚至对千禧一代（指 1981 年至 1995 年出生的人）来说，在成为年轻人之前，他们也不必学习怎么应对这种全新的现实。

我已经开始着手治疗患有身体意象失调、厌食症与暴食症的非常年轻的女孩子。我认为自拍文化是造成这些病症的很大一部分原因。它使那些年龄越来越小的女孩子面临着越来越多的曝光与审视。孩子们 1—10 岁就开始聚集在社交媒体上。你很难做到不去在意这些，除非你有坚如磐石的自信，对嫉妒无动于衷；并且具有异乎常人的理性，当别人在社交媒体上发布他们的闪亮时刻时，这种理性会提醒你他们到底在做什么。唐娜·弗雷塔斯（Donna Freitas）在她的著作《幸福效应：社交媒体如何使一代人不惜代价地追求表面完美》（*The Happiness Effect: How Social Media Is Driving a Generation to Appear Perfect at Any Cost*）中，将 Facebook 称作"让人眼红的 CNN（美国有线电视新闻网）"，它"一天 24 小时不间断地循环播报谁酷，谁逊，谁走红，谁失势"。社交媒体可能只是一个因素，但它无疑对青少年心理健康水平的下滑负有责任。

女孩上 Instagram，男孩玩游戏机

如今大多数孩子都离不开他们的电子屏幕。但正如我在上文中引用的一些统计数据所表明的，在科技产品的使用问题上，存在着

清晰的性别差异。当社交媒体对女孩子身体意象失调、抑郁与焦虑的发生率产生了巨大影响时，男孩子们却更有可能发展为电子游戏成瘾。

就像我们在前一章所看到的，开发者知道在青少年身上有一种正在发育中的尚不成熟的驱动力，即通过能力和技艺的展示获取来自同龄人的钦羡。因此开发者们在游戏中设立了奖励，用硬币、现金箱、升级等精心策划的奖励机制刺激多巴胺的释放，使男孩子们可以连续玩几个小时的游戏，不知疲倦。而且随着网络游戏越来越高级，越来越让人身临其境，越来越社会化，越来越方便，男孩子中游戏成瘾的比例呈猛增势头。

当然，性别影响并不是二元的。如同社交媒体也会使男孩受到抑郁和其他问题的影响一样，女孩也有发展为游戏成瘾的危险。但这些研究发现，有助于我们了解造成抑郁、自残、自杀念头、普遍痛苦和潜能丧失的危险因素。

压力反应

我们首先要了解的是，在我们的生命受到威胁时，压力是件好事；反之，压力则是有害的。青春期本就是一个具有潜在紧张压力的时期。面对那些让人沉迷的科技，青少年的回应方式让他们身上本已沉重的压力雪上加霜。另一件我们需要了解的事是，逆境是孩子生命中很自然的一部分。新的体验、转变、时间上的截止期限以及压力，都会唤起不确定、焦虑、挫败和畏惧感。学习应对生活的

04 压力 皮质醇和让孩子从生存模式转向成长模式

起起伏伏，本就是成长过程中的重要组成部分。然而，苦难却不是。

你有没有想过，在你的孩子流连于社交媒体或掉入"第一人称射击游戏"的兔子洞里时，随着他们变得愈发疏远、易怒、压力爆棚，他们的内心在想什么？孩子的大脑时刻对周遭的环境进行着扫描，以发现威胁，并与身心的其他系统相互协调，来确定如何对付这些威胁。当孩子的大脑察觉到威胁时，它就会向肾上腺发出警示信号；肾上腺差不多有核桃大小，位于双肾上部，左右各一。如同突然间踩了油门一般，这个信号会引发大量肾上腺素和皮质醇——这二者是身体天然的警报器——的分泌，让身体爆发式地迅速行动起来。这两种激素会激活恐惧中枢，以保护我们远离危险。

肾上腺素在短时期内发生效用，而皮质醇的效用则较为持久。我在前面提到过，肾上腺素使孩子的心跳加快，血压升高，为"惊呆、战斗或逃跑"做准备。这是身体面对压力时的保护性反应，它旨在帮助孩子对迫在眉睫的危险做出反应。出于应对威胁的准备，他们的呼吸会变得浅而急促，血糖水平上升。肾上腺素的短期释放事实上对孩子是有好处的，但请记住，这种好处仅仅体现在面临危险的时候。它提升了孩子的警觉性和能量水平，改善了他们的记忆力，重新引导血液流动，为他们的肌肉、心脏和大脑提供能量。地球上的每个人在感觉到威胁时都会做出类似的反应。

> **面对生命威胁时的压力反应 = 健康的反应**
>
> - 惊呆：你的身体告诉你停下来、藏起来，留神倾听灌木丛中有没有熊。
> - 战斗：你的身体告诉你要击退一只咬你的狗。
> - 逃跑：你的身体告诉你快点跑，摆脱那只追逐你的老虎。

尽管偶然释放肾上腺素和皮质醇以避免危险，对你的孩子的生存至关重要，但持续释放与压力反应相关的荷尔蒙，则会对孩子的身心健康造成严重伤害。久而久之，过量的皮质醇释放会导致睡眠不足、焦虑和抑郁。它还会导致免疫系统受到抑制，以及肠道问题、肌肉萎缩、骨骼生长停止和发育迟缓，甚至使大脑的结构遭到破坏。

在所有物种中，人类是独一无二的，我们进化出了"思考的大脑"；这就解释了为什么我们是唯一能够通过思想诱发压力反应的物种。我喜欢拿大脑的工作方式与计算机操作系统来进行比较。在某种压力状态下，当你的大脑内突然充满了皮质醇时，它就会停止运作；就像有时你在电脑上打开太多窗口和程序，电脑出现卡顿一样。然后屏幕上就会出现一个令人心烦的蓝色旋转球（惊呆），这让你怒气冲冲（战斗），或者你会选择关掉电脑离开（逃跑）。简而言之，我们不需要面对某种实际存在的生命威胁才能进入生存模式。我们可以通过刷 Instagram，打电子游戏，或仅仅总是心烦意乱，就能感觉到自己进入了释放肾上腺素和皮质醇的状态。但是在我们的日常生活中，这是一种不健康的压力反应。

04 压力 皮质醇和让孩子从生存模式转向成长模式

> **仅仅是思想上的压力 = 不健康的反应**
>
> - 惊呆：你的大脑通过焦虑、拖延、逃避和犹豫不决对压力做出反应。
> - 战斗：你的大脑通过易怒、愤怒、狂怒或消极对抗来回应压力。消极对抗包括对抗行为或固执己见等。
> - 逃跑：你的大脑通过使自己分心，比如不断查看社交媒体，打电子游戏，网上购物等；或者通过使用某种物质，总之，采取精神上的逃离对压力做出反应。

尽管今天我们经历的饥饿与战争远远少于数个世纪前，但社会价值观的转变和不健康的生活方式却提升了压力水平。从长远来看，压力会通过引发精神疾病、心脏病和癌症等疾病置我们于死地。这就是世界卫生组织宣布将压力列为 21 世纪头号健康流行病的原因。

生存模式与成长模式

人体生来就配备有一套复杂的被称为"自主神经系统"的神经网络。它调节着我们的心率、呼吸、血压等。这个系统由两个部分构成。

交感神经系统使身体做好应对威胁的强烈生理反应的准备。当这个系统被激活时，我们就进入了"生存模式"。出于生存的需要，身体的全部能量都被转化来帮助我们完成惊呆、战斗或逃跑的压力反应。当我们处于这种状态时，是不可能进行成长、学习、康复、适应或创新等行为的。

这些行为仅仅在我们处于"成长模式",也就是副交感神经系统被激活时才会发生。此系统只有当我们没有压力的时候才能正常工作;当我们感觉放松且从容时,它的效果最好。

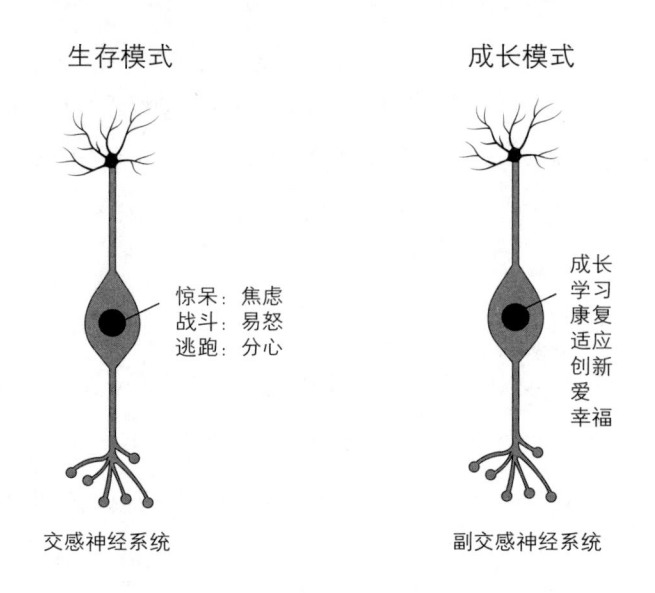

生存模式　　　　　　　　成长模式

惊呆:焦虑
战斗:易怒
逃跑:分心

成长
学习
康复
适应
创新
爱
幸福

交感神经系统　　　　　　副交感神经系统

当年轻人出于不危及生命的原因,反复触发交感神经系统(并进入生存模式)时,他们就开始遭遇严重问题。也就是说,他们总是处在慢性的、日常的压力中。

某些应用程序、游戏和网站,通过让你的孩子觉得自己不够酷,不够漂亮,不够苗条,不够风趣,让他们感觉错过了一场约会,或别人故意不邀请他们,持续不断地引发孩子的焦虑和恐惧。这些持续的压力反应使正在发育的大脑充满了有毒的皮质醇。

这种反复触发通过强化与压力相关的神经通路,将压力也变成了一种习惯。正像我们所了解的那样,神经通路越发达,就越容易被触发。请记住，你的孩子走的路造成了他们的生活。

首先就是"反应过度"。这是一种异常的高度焦虑状态，它会压迫负责情绪调节的大脑额叶。这种高度兴奋状态使年轻人很难控制自己的情绪。他们也许会变得焦虑、优柔寡断（惊呆）。或者当母亲试图限制他们的屏幕使用时间时，对母亲大发脾气（战斗）。或者沉迷于电子游戏、社交媒体或物质滥用（逃跑）。这些都是对压力做出的反应。这是大脑过度紧张的表现，是需要解决的。

尽管查看社交媒体和注意力分散事实上已成为常态，但在日常生活中这些都不是健康的反应。当你的孩子在刷社交媒体时，他们实际上并没有在处理自己的情绪，他们是在抑制或回避情绪，他们处于逃跑模式。对于他们的感受，他们错过了辨别、理解、管理和交流的机会。这些就是所谓的"情绪调节"，它是一项基本的生活技能，与健康、幸福和成功息息相关。

被压抑的情绪会导致更大的压力和更严重的注意力分散。最终，使用科技产品来应对生活压力的孩子会被焦虑、愤怒和心烦意乱所压垮，并在应对现实生活方面出现麻烦。他们的成绩可能会下滑，他们也许会对体育运动失去兴趣，他们的人际关系也会受损。

科技和隐藏的压力

除了"社交控"之外，社会攀比、糟糕的时间管理、孤独、心烦意乱和身体形象困扰，都是和科技产品相关的常见问题，但我们可能并不会将它们与压力联系起来。

但是下列行为的确会引发孩子的压力反应，特别是当他们同时具有多种行为时，这也是孩子使用科技产品时常见的情况。这些行为会让孩子的大脑误以为他们是在对威胁做出反应，从而触发交感神经系统。他们中的有些人，比如说久坐不动或没有眼神交流的人，可能看上去并没有明显的压力。但是你得记住，孩子旧石器时代的大脑并不知道，久坐于洞穴中和久坐打电子游戏之间有什么区别。他们的神经元只知道，他们好久没有动了，而且想知道他们为什么没有动。是附近出现了掠食者，还是飓风要来了？这给交感神经系统发出一个响亮的信号：有危险！大脑错误地认为它一定处于威胁之下，并迅速启动了压力反应。

鲜为人知的压力触发行为：

- 睡眠不足：我们的神经元不了解我们之所以彻夜不眠是因为我们在上网。它们以为是因为危险重重所以无法入睡。
- 久坐不动：最近，一项针对12000多人进行的长达12年之久的研究发现，即使把年龄、吸烟及体育运动水平等因素考虑在内，那些常年久坐不动的人，比起那些坐得最少的人来说，早死的可能性要高出50%。
- 蹲着或弓着背坐在笔记本电脑前：我们圆圆的肩膀和弯曲的脖子向神经元发出信号，我们正藏在洞穴里躲避危险。
- 缺乏眼神交流：我们的神经元不知道我们为什么被孤立起来，不去见任何人。我们一定是遇到危险了！

我们也得去对付消极倾向吗？

对青少年来说，这些似乎还不够，他们还得对付人类固有的消极倾向，即倾向于更多地关注消极因素而不是积极因素。如果你发现自己曾纠结于别人针对你的侮辱、你工作上所犯的错误、即将到来的最后期限上或者你必须进行的艰难会谈上，那么你对消极倾向便不陌生。简单地说，负面事件给我们带来的影响远远大于正面事件。无怪乎社会科学家们发现，一次批评需要用五次赞扬才能弥补。这种消极倾向对行为和决策有极大的影响。

关注潜在的问题，从进化论的角度看是有必要的，特别是当有剑齿虎在草原上游荡的时候。我们的大脑就是以这种方式联结起来的。问题是，我们走的这些"负面路径"越多，我们养成消极思维习惯或称"思维陷阱"的风险就越大。下面我列出了一些比较常见的问题。如果你家有青春期的孩子，你可以对照一下。我敢打赌，你会在这些问题中看到你孩子的影子。

心理过滤：过滤掉积极的东西，只关注消极的东西。比如，你在 Instagram 上发布了一张新照片，收获了十条赞美。但你只会关注其中一条比较尖刻的评论。

妄下结论：当没有事实支持你的结论时，你对事物的解释通常是消极的。比如，因为最近朋友没给你发短信，你便认为他生你的气了。

非黑即白的思维方式：你看待事物的方式是将其视为全有或全

无，不存在中间状态。比如，你新更换的 Facebook 头像没有获得足够的点赞，你就会认为这张照片一定很丑。你不会想到，现在是周日下午，你的朋友们可能正在外面享受阳光；或者他们中有些人已经把 Facebook 删除了。

过度概括：你会将作为个例的负面事件，比如没有被邀请加入一个聊天群，视为一种彻底的失败。你会使用诸如"从来没有人邀请我"或"我总是被忽视"等字眼。

读心术：你会告诉自己，有人对你存有负面看法或对你做出了负面回应。比如，如果别人发给你的短信只有一个字，你会将其解读为一种侮辱。

个人化和自责：你会对自己无法掌控的事情大包大揽。比如，你最好的朋友没有受邀加入另一个朋友的聊天群，你却因此责怪自己。

从经验中我们都知道，尽管负面情绪，如恐惧和愤怒会在短短数秒内爆发，但相比正面情绪来说，它们在我们体内停留的时间要长得多。现在想想你在网上的经历，愤怒和极度的满足常常占据主导地位，讨论往往会转向情绪化充斥的领域，社交媒体让我们感到被忽略，感到焦虑。积极的故事不是能够博人眼球的东西。正如计算机科学家卡尔·纽波特（Cal Newport）在《数字极简主义：身处闹世选择专注生活》（*Digital Minimalism: Choosing a Focused Life in a Noisy World*）中写道："对于深度互联网用户来说，与黑暗的反复互动会成为让你心神俱疲的负面情绪的来源。这是个非常高的代价，很多人甚至意识不到他们为支持强迫性连接而付出的代价。"

压力与挑战

千万不要误会，我并不是期望你的孩子在成人的过程中，看不到任何负面内容或不经历任何逆境。要知道，其中一些逆境在孩子的生命中是会发挥重要作用的。就产生于下丘脑区的慢性压力而言，它对年轻人正在发育的大脑是有害的。而挑战则不会。挑战推动孩子用新的方式去思考、去策划、去尝试。通过这种由高级皮层区域激活的思维方式，孩子们学会了在困难中以他们的方式来解决问题。这就是为什么反复挑战对孩子是有好处的。

压力和挑战激活的大脑

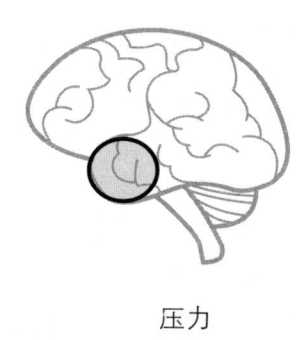

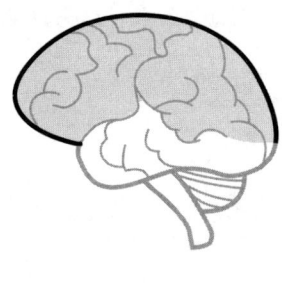

压力　　　　　　　　　挑战

对孩子发起挑战的最好方式，就是引导他们在自己的"挑战区域"，也就是介于对他们来说太容易和太难的事情之间的"甜蜜区"。这些活动发生于大脑区域中进化最完备的前额叶皮质，即所谓的

"思维中心"。简单任务不会调动孩子的思维中心,过于复杂的任务会触发大脑的边缘系统,或叫"感觉中心",引起压力反应。挑战区是学习和神经可塑性发生的地方,是孩子们在大脑中开辟新的神经通路的地方。这就是奇迹发生的地方。

> **为什么挑战对孩子有好处?**
>
> - 它们释放多巴胺,为孩子回馈愉悦的冲击。
> - 它们释放血清素,让孩子充满自信与幸福感。
> - 它们刺激和锻炼了孩子的大脑额叶,即思维中心。这个区域涉及重要的认知技能,如判断、记忆、语言、情绪表现、规划、目标设定和解决问题。
> - 它们增强大脑功能,就像跑步或骑自行车增强腿部肌肉一样。
> - 它们训练孩子学会调整、适应和从失败中恢复过来。

青少年最不需要的就是更多的压力!

正如你在自己家那正值青春期的孩子身上所观察到的,刷社交媒体不需要多长时间就能让一个敏感的、正在发育中的大脑偏离轨道。一定要记住,青春期恰好也是压力峰值的发展时段。这时的大脑正在对许多东西进行梳理,包括身份、关系和性。因此,在普通青少年的生活中本已充斥着如此多变化的情况下,某些科技产品的加入会将这一压力峰值提高到前所未有的程度。

新的研究表明，成人和青少年的大脑处理信息的方式是不同的。我们成人倾向于用发育完全的前额叶皮质，即大脑当中理性的、具有思考功能的部分去思考（当然这并不意味着我们总是这样做）。但青少年的前额叶皮质还没有发育完全，这就迫使他们依赖于大脑中负责情感和反应的部分。这就是为什么他们需要练习和帮助才能学会自我控制（使自己冷静下来）。他们需要在你的帮助下学习和使用应对技能，思考可替代的行为，适应新的、有时甚至是难以应对的局面。

在青少年那里，大脑的情绪或感觉部分（边缘系统）和大脑的决策或思维中心（前额叶皮质）之间的连接还处于构建当中，它们之间的神经桥梁还没有完全搭建起来，边缘系统还处于主导地位。你的孩子是否曾经对某件事产生强烈的反应，但事后却无法解释他到底是怎么想的？神经学对此现象的解释是，孩子大脑的主导部分掌管了一切。他们的思考没有他们的感觉和反应来得多。这也使得青少年的大脑在面对科技产品使用时，比我们绝大多数父母所意识到的要敏感得多。

无论你的孩子足球踢得有多棒，在美国大学预修课程（AP）中物理分数有多高，他们的大脑却不擅长做出良好的判断，或者说还没有形成这种能力。他们的前额叶皮质中的认知控制网络正在迅速成熟过程中，而完全成熟要等到二十四五岁。

更糟糕的是，青春期是一个自我意识增强的时期。这就是你的孩子为什么看上去这么容易局促不安。作为青春期的孩子，他们的内在批评常常处于高警戒状态：我是不是穿得很滑稽？我是不是说错话了？我怎么会不知道呢？为什么我还没做呢？

正如我们在第三章所讨论的，从生化角度来讲，青春期的大脑是在多巴胺这种有关奖赏的神经化学物质的驱动下，去冒险、猎奇、获得同伴赞赏。当孩子们进入青春期后，他们希望加强和扩展自己的朋友交际网。从前灵长类动物在青春时期不得不冒险离开部落去寻求配偶，在穿越大草原时，他们还得抵挡沿途可能遭遇的任何野兽。在如此危机四伏的地方冒险，他们得到的回报是新奇的事物、新的关系、性和繁殖。青春期孩子的大脑仍然以同样的方式在运转。他们仍然渴望与他人建立联系，以获得安全感、支持与慰藉。

这种联系的建立常常是通过一些让人难以置信的愚蠢冒险来完成，目的是给他们的朋友或可能的伴侣留下深刻印象，又或者什么都不为。无论是驾车时发短信、吸毒、酗酒，还是无保护措施的性行为，青春期的孩子比其他任何年龄段的人冒的险要多得多。

因此及早教会孩子情绪控制的技能，教他们理解社交媒体如何干扰他们的心绪和行为，是至关重要的事。地位竞争不是什么新鲜事，在我们年轻的时候尤其普遍。我们会就外表、发型、机遇、朋友、成功与失败来进行相互比较。我们一直在寻求认可和肯定。但是现在的年轻人迫于压力，在社交媒体上投射出一个虚假的自我形象：快乐、完美、受人欢迎、身材骨感。鉴于社交媒体对孩子们心理健康的巨大影响，我们需要帮助孩子了解，社交媒体是如何影响他们的自我感知，影响他们在现实生活中的关系的。

对科技产品在他们生活中所扮演的角色和影响进行批判性的、

富于哲理的思考，这能使年轻人在如何使用、何时使用、何时退出科技产品等方面，做出更好的决策。

"我没有意识到社交媒体对我的影响有多大"，陈有一次告诉我，"我无法想象没有它们的生活是怎样的。但我也知道它们让我抓狂了。"

是时候打开任务管理器（CTRL-ALT-DELETE）了吗？

当有父母告诉我，不管面临的是游戏还是社交媒体问题，他们的孩子真的无法退出系统时，我猜他们的孩子对电子屏幕的使用已经取代了他们处理问题的能力，我明确表示，父母需要介入。这就意味着，移除孩子们用来应对问题的电子屏幕，帮助他们发展真正的应对技能。有时它也意味着寻求专业帮助。

我有一个 15 岁的病人，布里特妮，她在 Instagram 上有 990 名关注者。如同 75% 的青少年一样，布里特妮也使用 Snapchat。由于在 Snapchat 上的得分不高令她备感压力，十分尴尬，布里特妮便不断地发送快照给朋友，从而赚取点数提高得分。当她第一次见到我的时候，布里特妮说她觉得有义务为所有朋友的帖子点赞和评论，她每晚要花几个小时在这上面。

对布里特妮来说，社交媒体有时候就像她的一份兼职。这是在智能手机时代，作为一名青少年的布里特妮十分在行的一份临时工作。她所经营的品牌是她自己的东西。她精心准备有趣的视频，花数个小时来完善，力求完美；为她的狗狗、她的卧室、她的新浴袍、她的新发型、她的新朋友精心修图。这些事情常常会使她无心做家庭作业，与家里人交谈，甚至占用了她的睡眠时间。当布里特妮发了某个帖子，点赞却寥寥无几时，随之而来的焦虑会让她趋于崩溃，充满了焦虑和自我憎恨，她把这称为"照片耻辱"（Instashame）。

布里特妮的父母第一次来找我时，说他们根本无法把女儿从手机里拽出来。他们试过关她禁闭，断她的零用钱，但都毫无效果。当他们试着切断 Wi-Fi 时，布里特妮离家出走了。

我的态度很明确，处理布里特妮的手机使用问题，他们需要像对待成瘾症一样对待它。要想更快康复，布里特妮必须从家庭内外环境入手，从 Instagram、Snapchat 及所有其他社交媒体脱瘾达三个月才行。在那之后，她要么学会与社交媒体建立健康的关系，要么完全避开它。只有这样，她才能重新构建健康的科技产品使用通路，从而覆盖住那些带给她伤害的老路。

别忘了：你的孩子在指望你设置界限。父母的限制能够帮助孩子认识到，他们是被关爱的，他们不能总是随心所欲。父母要教给孩子，他们可以通过时间、耐心和成熟来学会一些东西，否则，他们也许就意识不到自己有这个能力。不管孩子表现得多么想要掌控一切，拥有过多的权力对他们来说都是危险的，甚至是可怕的。孩子们从直觉上知道，他们需要有成人来负责，他们依靠父母去指导他们的行为。

因此，当你对孩子的科技产品使用进行干预并设立严格的界限时，结果可能会让你大吃一惊。我曾经有一位名叫拉杰的病人，他用电子游戏来应付生活中的压力。这渐渐使他变成了一个问题玩家。

他的父母反复对他玩游戏设置限制，但15岁的拉杰不断打破这些限制。他陷入了真正的麻烦之中：他很少睡觉，十年级的大部分课程都不及格。他的社交互动几乎全部来自网上，每当家人拉他去餐馆吃饭，他都会大声抱怨，举止失礼，直到每个人都被他弄得火冒三丈，心烦意乱，然后败兴而归。那时拉杰几乎所有的时间都是独自一人待在地下室的卧室里。

拉杰与父母之间关系紧张。有一次，在收到拉杰格外糟糕的成绩单后，他的父母禁止他玩Xbox（家用游戏机）两个星期。一天深夜，拉杰偷偷溜进父母的房间，找到了被藏起来的主机。当父亲发现拉杰那天晚上在偷偷玩游戏时，他把游戏机从墙上拔下来，打开后门，将其在后院篱笆上摔得粉碎。拉杰的母亲吓坏了：她觉得拉杰会崩溃，会在暴怒之下把房子毁掉，或者离家出逃。她觉得他们可能得叫警察来进行干涉。

但预期中火力全开的场面并没有发生。拉杰待在他的房间里。一开始他气得发疯，但几个小时后，他说他的头脑开始冷静下来。他觉得无聊——他父母早就没收了他的手机——于是他开始在房间里转悠。他捡起了一本名叫《局外人》的小说，这是英语课的指定阅读书目。他在没有任何打游戏的冲动下读了前几章，因为他知道他打不了，游戏机在后院已经摔成了碎片。他被书中的故事深深地吸引住了，一直读到进入梦乡。

第二天早上，拉杰的父母已做好应战的准备。但当拉杰上楼吃早餐时，他做的第一件事是感谢他的父亲。"我竟然睡着了。"他说，"知道我玩不了游戏机，我感觉好多了。我真希望你一年半前就这样做了。"

六个月之后，拉杰的母亲告诉我，他们一家度过了这些年来最美好的几个月。

这个家庭的故事并非个例。像拉杰这样极端的案例中，运用强势的父母权威（尽管它本可以用比较温和的方式来表现），最终往往会受到孩子的欢迎。拉杰的故事中最引人注目的是成年人与青少年大脑之间的明显差异，以及设立限制与界限的价值。对拉杰来说，事后的思考是很难的。他用科技产品来应对焦虑和烦躁，暂时逃离生存模式。但拉杰的父亲明白这样做的长期后果。通过消除导致恶性压力反应循环的机制，他让拉杰找到了回归成长模式的方法。

请记住：

- 在近年来塑造世界的所有科技产品潮流中，几乎没有哪个比社交媒体的影响力更大。在对青少年的心理健康造成的巨大影响上，也是如此。
- 始于2012年的焦虑、孤独、抑郁和自杀行为发生率的突然性增长，是与智能手机达到市场饱和的时间相吻合的。
- 数据同样表明，青少年与朋友和恋人共度的时间大幅减少。
- 因为科技产品对孩子心理健康的巨大影响，我们需要帮助孩子了解，科技产品是如何影响他们的自我感知、应对技能和现实生活中的人际关系的。
- 说到科技产品使用问题，存在明显的性别差异：女孩的问题来自 Instagram，男孩来自游戏机。

04 压力 皮质醇和让孩子从生存模式转向成长模式

- 青少年大脑中有关理性、长期的战略性的部分直到25岁左右才完全发育成熟。
- 只有在面对威胁生命安全的情况时才需要压力。
- 压力会导致惊呆（焦虑）、战斗（烦躁）和逃跑（注意力分散）反应。
- 你的孩子的身体只能吸收短时间的和小剂量的压力。
- 你要帮助孩子从生存模式转换到成长模式。
- 教会孩子避免压力，拥抱挑战。这两者具有完全相反的效果。挑战能提升他们的健康感、幸福感和成就感。
- 挑战是孩子生命的基本组成部分。但压力和折磨不是。

解决方案

本章我们探讨了孩子的身体是如何在短时间内和小剂量的情况下吸收压力的。但科技产品在孩子身上引发的是持续性压力，这种压力可以通过睡眠不足、姿势问题、时间管理不善、精力分散、社交控等引起，也可表现为孩子将自己不够酷、不够漂亮、不够瘦、不够幽默等有害信息内在化。这种持续性压力携带着有一定毒性的肾上腺素和皮质醇涌入孩子正在发育中的头脑，构筑起破坏性的神经通路，随着他们年龄的增长，这些神经通路更容易触发他们的压力。

在接下来的几页里，你将会发现一些建议，可以帮助你掌握科技知识，减轻科技带来的压力。除此之外，这部分还会给你一些教授和示范健康应对技能的策略。

关键策略

不要

- 忽视压力反应的信号，包括焦虑、烦躁和分神等。

- 让你的孩子用科技产品来应付生活压力。
- 把压力和挑战混为一谈。
- 陷入你自己的消极倾向和思维陷阱。
- 给孩子树立一种形象,即将经常面临压力作为生活的常态。

要
- 讨论处于生存模式和成长模式的区别。
- 鼓励健康的挑战。
- 教给孩子应对技能。
- 对抗消极倾向。
- 挑战思维陷阱。
- 注意隐藏的压力触发因素。

避免

引导你的孩子远离任何会触发压力反应的科技产品,不管这种压力是来自社交媒体上的比较、社交控、睡眠不足,还是长时间的驼背姿势。

限制和监管

完全避免社交媒体和科技产品可能是不现实的。讨论、限制和监管孩子对科技产品的使用,直到他看上去具备有节制地使用科技产品的能力,不出现上述问题为止。

教孩子应对技能

当孩子们感到不堪重负、压力巨大、焦虑不安或情绪低沉的时候，应对技能是他们能够使用的清晰而实用的工具。所有的孩子都需要学习和掌握适用于任何情况下的应对技能，来管理和减少由皮质醇导致的压力反应。

在这里，我将概述三大类健康应对技能：休息、他人和游戏，并解释如何建立起它们积极的行为模式。

1. 休息

休息能让我们安定下来，感到安全。简单地拔掉插头，从生活中跳脱出来休息一下，还有呼吸，是非常有效的应对技能。教你的孩子在书桌前，或者在车里，通过闭目养神、头脑放空来练习如何休息，或享受"安静的时光"，哪怕只有几分钟也好。

深呼吸

我认为，减轻压力，将孩子从生存模式转换到成长模式的最有效方式就是通过缓慢的深呼吸。我们常常养成的是浅呼吸的习惯，它只能到达我们的肺部中段位置。不良的姿势、紧身衣和压力都会导致浅呼吸。但当我们缓慢深呼吸的时候，肺部和横膈膜的神经末梢会因为空气的压力而扩张。这种扩张给我们的神经系统发出信号，示意我们状态良好，神经系统便会停止压力反应，让我们进入成长与恢复模式。

一旦你的孩子掌握了深呼吸的要领，他们就可以随时随地做起来了：清晨刚醒、睡觉之前、放学回家的路上，或者在他们需要片刻平静的时候。

我们全家都练习深度的、受控制的呼吸方法。在鼓励孩子们自行练习之前，你可以和他们一起尝试下面的练习。当和孩子一起呼吸时，我们的身体在美妙的韵律下达到同步，这是一种额外的收益。如果你是端坐着进行腹式呼吸，请直视孩子的眼睛并向他投以微笑。通过活在当下加深你和孩子之间的联系。

深呼吸的练习：

这种呼吸练习法可以帮助任何年龄段的人达到放松的状态。小孩子喜欢腹式呼吸，特别是你把一个毛绒玩具放在他们的肚皮上，让他们带着玩具一起体验翻山越岭的感觉时。

- 寻找一个安静、舒适的地方，让孩子坐下或躺下来。
- 教他们用鼻子缓慢地吸气，张开嘴巴慢慢地呼气。紧绷的下巴显示出我们大脑中存在压力，而放松、张开的下巴（例如我们在打呵欠时）则是安全信号。
- 当孩子掌握了深呼吸的要领后，你可以让他们缓慢地把呼吸带入腹部，感受腹部的扩张。然后，在呼气时，鼓励他们慢慢呼气，注意感受腹部是怎样收缩的。
- 从三次呼吸开始逐渐增加次数，直到你的孩子完全放松下来为止。

2. 他人

不管是家人、朋友，甚至是宠物，社会关系会让我们感到安全、安定。花时间与他人在一起是一种很有效的应对技能。

爱抚宠物，与祖父母视频聊天，给他们一个早安或晚安的拥抱，通过这些方式引导你的孩子建立起有意义的社会联系，即使只有短短几分钟也好。让孩子养成与兄弟姐妹、表亲或朋友一对一联系的习惯。他们每个人都会从中受益！

另外，试着每天找出不被打扰的几分钟与孩子共度。相信我，我知道这做起来比听上去难得多。但是，当我们给予孩子全身心的关注时，他们能感受到自己在我们心中的分量，从而加强我们与他们之间的联系。

3. 游戏

当孩子尝试新事物，或花时间在他们的爱好、兴趣、习惯上时，他们激活的是前额叶皮质，因此也就从生存模式转换到了成长模式。由于游戏激发了好奇心、探索和乐趣，所以它会抑制皮质醇的释放。毕竟，身体不能同时处于游戏和压力状态。这使得游戏成了一种很好的应对技巧。

引导你的孩子每天给自己留一些游戏的时间，即使只有几分钟也好。在我们家，蹦床就是一个解压神器。当你在上面弹跳时，是不可能处于压力状态的，你也很难做到不去哈哈大笑。我们也喜欢在厨房里开舞会。一逮着机会我们就搞恶作剧捉弄彼此。

教你的孩子对抗消极倾向

孩子的大脑天生对坏消息比好消息更敏感。但如果你能帮助他们从小就学习发现生活中的美好，他们长大以后就更容易这样做。

辨别好坏的能力是一项技能，需要时间和实践才能养成。以下的一些方法可以帮助你的孩子全方位地去看待问题。

- 讨论日常情况的利弊，让孩子能看到正反两面。
- 给他们讲一些你在生活中发生的有关坏事情带来好结果的故事。例如，你可能错过了一份工作或没有被一个团队选中，但却使你得到了更好的工作或加入更优秀的团队。
- 当事态不利时，问问孩子，"这种情况下，好的方面是什么呢？"如果他们看不到或感觉不到，那就请他们试着去想象一下会是什么。
- 来自生活中的挑战和失望往往会让人更有韧性，当孩子面临困境时，把这个过程解释给他们听。告诉他们，他们面临的挑战和阻碍正在使他们变得更强，能从挫折中更好地恢复。

挑战思维陷阱

为了帮助你的孩子处理消极的想法，鼓励他们直面这些想法，而不是忽视或逃避。以下列出几个问题，它们有助于你对孩子可能有的无益想法进行挑战。你要以一位与他们并肩作战的盟友身份向他们进行发问，你也可以用这些问题逗孩子开心，让他们发笑，这是改变他们情绪的好方法。

- 最坏的结果可能会是什么？
- 如果真的发生了，你能怎么来应对？
- 你是不是陷入了一个思维陷阱？
- 有什么证据证明这种想法是正确的？
- 有什么证据证明这种想法是错误的？
- 你是否混淆了想法与事实？
- 如果你的朋友有同样的想法，你会怎么跟他们说？
- 如果从 1 到 10 来分级，这是一个被评为几级的人生问题呢？

教孩子注意基本的东西

我曾谈到过一些鲜为人知的压力诱因，当孩子沉迷于电子屏幕时，这些诱因会使他们陷入一种消极状态。其中有些诱因是不可避免的，因此在网络生活与现实世界的交互作用中寻求平衡是十分重要的。为了帮助孩子对抗这些潜在的压力源，请考虑以下策略：

- **睡眠不足**：还记得第二章中的睡眠原则吗？请一定设法坚持。避免睡眠不足的最好方式就是珍视睡眠！通过它，我们的大脑才能恢复、更新和重组。我知道，现在由于家庭作业、考试、体育活动，还有出门旅行等原因，要求孩子们每晚都获得必需的睡眠时间是不现实的，但只要有可能，就尽量抓住睡眠的时机。父母可以引导孩子打盹、周末晚起或利用假期来获得更多休息（我支持我的孩子们三管齐下，有时我甚至奖励给他们额外的睡眠）。当你的孩子到达青春期时，他们往往要经历昼夜节律的变化，晚上入睡比较困难。为了帮助他们保证睡眠，早晨尽可能地让他们多睡一会儿，不给他们安排活动。

- **久坐行为：** 引导孩子每半个小时起身活动一次。你可以考虑下载一款应用程序，到身体活动的时间就会发提醒。
- **弯腰驼背地坐在笔记本电脑前：** 我在冰箱上贴了一张海报，展示标准的坐姿和站立姿势。我还在家里到处放置了便利贴、长枕、靠垫等东西，鼓励大家养成良好的姿势。
- **缺少眼神交流：** 教孩子学会在别人说话的时候看着对方的脸和眼睛。当我的孩子还在经历害羞阶段时，我告诉他们看着对方的鼻子就好。

05

追求健康

内啡肽和在失衡的世界里找到平衡

在你自身之外没有什么能让你变得更好、更强、更富有、更敏捷或更聪明。一切都在你的内部，一切都存在，别在你之外的世界里寻求。

——宫本武藏（Miyamoto Musashi）

几个月前，我开始会见一个15岁的病人，她的病始于从美术工具中拿出一把美工刀来割伤自己。扎拉不是因为抑郁，她也没有任何成瘾问题，之所以自残，是因为她太累了。

扎拉是一名俱乐部级别的明星足球运动员。她的梦想是获得奖学金去美国一所大学里踢球（她崇拜梅根·拉皮诺）。扎拉还是一位优秀的演讲者和辩论冠军。她是一名全优生，而且在九月份被选为学校的女学生会主席。她的父母对她鞭策甚严，而扎拉对自己要求更高。

扎拉是个很棒的孩子，她对生活技能掌握得相当不错，但科技产品让她的生活变得复杂，让她感到极度疲惫，她觉得自己好像跟不上了。

和很多青春期的孩子一样，扎拉发现自己经常和别人比较，尤其是在网上。她原本对自己的球技还很满意，可一上社交媒体，发现一位前队友已经在踢更高级别的比赛了；她原本对自己的辩论表现颇为自豪，但观看YouTube上国际辩论赛的视频，她觉得自己像

129

个业余的。

扎拉也想成为一个完美的朋友。她觉得有义务对所有朋友在社交媒体上的信息进行评论和点赞。当她收到短信或邮件通知时，即使正在做作业、看电视、读书或睡觉，她也觉得有必要马上回复。

由于扎拉在学校的领导角色，她的同学经常会给她发邮件或短信，就家庭作业、辩论准备，甚至一些鸡毛蒜皮的小事寻求帮助。她也频频受邀参加晚会、足球比赛或各种会议。不久前的一天，扎拉刚坐下来做作业，就收到了一份"我们的时代"青少年活动的邀请函，同一时间还收到了一个九年级女孩的信息，她和同学之间起了矛盾。就在这时，扎拉最好的朋友，成长于一个保守家庭，却在 Instagram 上公布了双性恋身份。扎拉觉得她需要表达她的支持，并且密切关注朋友的动态，以防朋友收到任何负面评论。那天晚上扎拉还有一场足球训练，第二天还有物理考试。

扎拉有时对父母大发脾气，不理不睬。她学习上遇到了麻烦，一直在找借口不参加足球训练，甚至逃掉一些比赛，这是她以前从来没有做过的。她以前也没有自残过。对于为什么割伤自己，扎拉似乎没办法解释。她能告诉我的，就是她想"感受一些东西"。

内啡肽

我告诉扎拉，她想感觉的东西就是内啡肽，这是我们身体的天然止痛剂，当我们受伤时就会释放出来。因此当扎拉割伤自己时，内啡肽在她的大脑中得到释放，提供给她一直寻求的"解脱"。

我们都自然地产生内啡肽。它让我们在锻炼后、和朋友拥抱后或深呼吸后感觉良好。内啡肽在大脑的阿片受体中发挥作用，能够减轻痛苦。它的得名源自"内生吗啡"，意思是"内在生产出的吗啡"。这些神奇的神经化学物质还能提高人的创造力和思维清晰度。

本章我们要探索内啡肽的力量和自我关爱的重要性。当我们关爱自己时，我们会感觉精力充沛，生机勃勃，其实就是这么简单。所以我们要考虑多种方法，帮助孩子们自然地增加内啡肽的分泌。但首先我想谈谈困扰着扎拉和其他很多人的问题，包括年轻人和老年人。

过劳

在过去的五年里，我开始治疗越来越多像扎拉一样的年轻人，他们成就卓著，日程过满，表现出身体和精神上的双重疲惫。简单地说，他们都处于过劳的状态。如果不及时检查（像扎拉，她同时还是一名完美主义者），可能就会陷入一个恶性循环中，这可能导致焦虑、抑郁及酒精或物质滥用。

不久以前，过劳者还只局限于一线专业人员，如护士、警察、护理人员、军事人员及社会工作者等。这些人在工作中面临无情的精神压力和创伤。但由情绪耗竭所定义的过劳，正日益被视为一个严重的、具有普遍性的健康问题。2019年，世界卫生组织（WHO）在《国际疾病分类》当中将过劳升级为一种"临床症状"，将其特征描述为"事关生死的疲惫"状态，它包括了伴随着精神萎靡、烦躁易怒的过度疲劳。

作为精神科医生，我目睹了过劳给人的心理健康、家庭生活、学业和职业所带来的毁灭性影响。我只希望世界卫生组织的认可能提高人们对这个问题的关注，促使人们更好地关爱自身，并减少一些阻碍人们寻求帮助的羞耻感。

很多年轻人告诉我，自我关爱的想法会让他们害怕遭到同龄人的误解，担心会被人认为"软弱"，而不是"坚强"，跟不上大家的脚步。但正如我对我的病人所说的，强忍痛苦，掩盖不适会让你的一生痛苦不堪。学会说不，学会休息，学会关爱自己，这是成熟和具有适应力的标志。伸出双臂，寻求帮助则是勇敢的表现。

治疗年轻人的过劳

我在扎拉身上看到了所有过劳的表征。她对科技产品的使用无疑难辞其咎，因此我给了她一些实用性的建议，你或许也可以考虑用在你的孩子身上。

首先，我让扎拉关闭所有手机通知，包括电话、邮件及短信提示音。我让她删掉了 BuzzFeed 上的新闻提醒，还有 Instagram 和 Twitter 的提示音。她之前总是让手机和笔记本电脑响个不停，那会让她不断分心，备感压力。

- 我向她解释了睡眠对调节她的情绪、清除脑部垃圾、重新激活细胞的重要性，我建议扎拉试着每天晚上睡 9 个小时，即使第二天有演讲或考试要进行。从科技产品中解放出来正好有助于睡眠。

- 我让扎拉明白，她每天都需要拔掉插头，抽出独处的时间来充电，不管是写日记、散步、洗个热水澡，还是冥想。是的，青春期的孩子也可以冥想！我建议她用深呼吸练习来开启和结束每天的生活。
- 我告诉扎拉不要使用社交媒体，直到她在使用时不再与别人进行比较。记住：在网上进行攀比是有毒的。它会使年轻人觉得自己不够好，使身体充满了皮质醇。
- 我们也讨论了多重任务处理和完美主义的问题，这些行为是如何成为扎拉大脑中的老旧通路，以及她怎样才能抽身而出。

一心多用是个神话

扎拉过劳的故事凸显了当今年轻人面临的两个必然问题：一心多用和完美主义。这两个问题由于科技产品的无处不在而愈发严重。

身处数字化时代，我们开始相信自己可以同时完成好几项任务，数字化能够让我们做事更高效，还能对抗无聊。但同时处理多重任务是个不可企及的神话。很多研究都表明，人类的大脑无法在同一时间专注于一件以上的事情。它能做的是迅速地把注意力从一件事转移到另一件事。每当我听到我丈夫用"邮件声音"打电话时，我就会想到这个。"邮件声音"是指他在打电话时，突然有一封邮件冒了出来，这时他便会用一种半意识状态的单调语气，一边打电话一边读邮件。我丈夫可能认为他在同时做两件事，但事实是，两件事都做得很糟糕。

那些一心多用的人启动的是大脑中与手头任务无关的部分。久而久之，他们就变得注意力容易分散，记忆力受损。尽管人们觉得当需要他们全力以赴、认真做事的时候，他们就能心无旁骛、全神贯注，但事实上他们做不到，因为他们已经失去了一门心思做一件事的能力。正像我们在第二章了解到的，当我们不断地以某种方式来行事时，这些行为就会发展为不经大脑就能完成的习惯。

来自常识媒体（Common Sense Media）最近的一项研究表明，高达72%的青少年，还有48%的成年人，觉得有必要立即回复短信、社交网络信息和其他通知，这和扎拉的情况如出一辙。另一项最近的研究表明，仅仅是智能手机的存在，即使处于关机状态，也会降低年轻人的认知能力，从而导致研究者们所称的"由智能手机引起的脑力枯竭"。约90%的大学生自述，他们每隔两周就会感到来自手机的"振动幻觉"。

尽管同时处理多重任务可能给人节省时间的错觉，但神经科学家已经发现，那样做不仅效率低，而且会给我们带来巨大压力。回顾一下狩猎采集时期我们的祖先，周围尽是虎视眈眈的捕食者，稍一分神就有性命之忧。因此当我们注意力不集中时，比如在多个网站间穿梭，或开着电视想要完成报告，神经元就会给我们的大脑发出信号，说我们正处于不安全的境地。这会引发我们在第四章所讨论的战斗或逃跑压力反应。从短期影响来看，它会使我们焦虑、易怒，更易分神。从长期影响来看，它会导致神志模糊，思维混乱和健康问题,并会导致心神俱疲。

注意力是我们所有认知能力的基础,不管是记忆能力,解决问题的能力,还是仅仅陪在孩子身边的能力。但科技持续不断的和有针对性的干扰正在对这些关键的大脑功能造成巨大的损害。2015年,微软发布的一项研究表明,从2000年到2013年,人类的平均注意持续时间从12秒缩短到8秒。"每个人每时每刻都会分心",前Facebook程序员贾斯汀·罗森斯坦(Justin Rosenstein)如此说道。科技产品让我们总是疲惫不堪。

一篇有关父母一心多用的笔记

我承认,在又一场漫长的田径运动会上,我陪儿子经过又一个小时的等待之后,我的手机铃声听起来格外诱人。家长们都心知肚明的一个真相是,养育孩子的某些方面可能是乏味的。但陪伴孩子期间,当我们总是时不时去阅读最新的爆炸性新闻报道或处理邮件时,我们就开始遭受美国儿科学会(the American Academy of Pediatrics)所说的"分神育儿"的困扰。

针对这种现代型现象最令人吃惊的文献来自美国疾病控制中心(the U.S. Centers for Disease Control)。该机构发现,据医院的报道,自2007年苹果手机推出以来,三年内儿童受伤人数上升了12%。更具体地说,这些医院记录的孩子们被烧伤、脑震荡和骨折的情况发生了增长都是因为他们的父母在看手机。

但还存在着一些没那么明显的与父母分神有关的问题。最近,我与一个朋友相约喝咖啡时,注意到有个小宝宝使劲想得到她妈妈的关注，她在妈妈和手机之间挥舞着小手，一次次拉掉手机，把脸凑到妈妈跟前。这个场景一下把我击中了，因为我看到的是在孩子生命的早期，父母与孩子之间发生的具有决定意义的谈话二重奏出现了中断。这种二重奏对孩子的言语能力和认知发展十分重要，它会在父母与孩子间营造了持久的联结。这个场景也让我想起了 2015 年由密歇根大学医学院组织的一项研究，当研究者们对 225 对母子一起吃饭的情形进行观察时，他们注意到，那些在吃饭时使用电子设备的妈妈不怎么关注她们的孩子，她们错过了情感交流的讯号，而孩子呢，由于不太可能受到来自妈妈的鼓励，因此饮食也不太健康。

但好消息是，孩子们天生就具备一种能力，即从父母那里获取所需。我在女儿吉娅身上便发现了这一点。当我一边照顾她，一边想要工作时，只要我转向手机或笔记本电脑，还在蹒跚学步的吉娅准会用她胖乎乎的、充满责备的小手把我拽回来。为了得到我的关注，她知道要把我的头拽到靠近她的位置，这样我就能直视她的眼睛。显而易见，咖啡店里的小宝宝也学会了做同样的事情。

完美主义的问题

扎拉所面临的另一个问题是她的完美主义。她并不是个例，最近的一项研究显示，自 1989 年以来，美国、英国和加拿大的大学生中完美主义者上升了 33%。对此我并不吃惊。这项研究发表在《心理学报》(*Psychological Bulletin*)上，这是我执教的医学院的同事们经常讨论的一个话题。

在我们重视表现和绩效的文化当中，人们判断一个人是否成功，往往看他的外部表现（优等生、运动员、有昂贵的车），而不是看他的内在品质（慷慨、忠诚、善良）。大学录取程序的荒谬将年轻人当中的完美主义推到一个不健康的水平。但我越来越发现，我的学生们正将其刷新到一个全新的水平。他们成长于社交媒体时代，他们的生活和成绩都是经过精心策划而展现出来的版本。

为你的孩子设定目标和高标准无疑具有好处，但健康的努力和完美主义之间是有区别的。完美主义产生于负面情绪，如压力、对来自别人的批评和评判的担忧、较低的自我价值感，甚至自我憎恨。它是由恐惧和稀缺感驱动的。我那些追求完美的病人似乎总是在寻找能使他们感觉完整、填充他们内心空虚的东西。而健康的奋斗是建立在积极情绪的基础上的：对任务的爱好，对挑战的热爱，以及对世界做贡献的感觉。举个例子：一个年轻人可能立志成为一名伟大的曲棍球运动员，因为他担心如果不能在一流球队打球，就会遭到评判和质疑。而另一种驱动力则来自对运动的热爱、赢球的激动、球队创造的联结感、赢得冠军的艰苦和集体性的挑战等。

完美主义有两种类型，两者都与自卑、焦虑、抑郁、挫折和冲突有关。

对内的完美主义：

- 严于律己；
- 经常有追求完美的动力和压力；
- 拖延。执着于细节。在完成计划上存在困难。因为他们永远都无法达到他们的理想状态——完美——他们纠结于错误，并发展出糟糕的时间管理技能。

所有这些都让他们很难满足自己的高期望。然后他们就会将较低的自我评价加以内化，变得焦虑和抑郁。

对外的完美主义：

- 为他人设定不合理的标准；
- 评判别人；
- 批评别人。

所有这些都容易导致冲突。

完美主义——连同它的必然结果，过高估计了我们被看待和被感知的方式——会让我们对自己和周围人的感觉大打折扣。它也会造成麻木。由于如今年轻人的生活比以往任何时候都更倾向于在网上、在公共视野中，所以孩子们不断地了解到他们的同龄人在做什么，以及他们的衡量标准是怎样的。

幸福只能来自内心

几十年以来，过劳、同时处理多重任务（一心多用）以及完美主义的流行，连同注意力分散、消费主义和物质主义一起，导致年轻人的心理健康问题不断增加。例如，今天的大学生在焦虑、抑郁、偏执和精神变态的临床量表上得分明显更高。他们比以往任何时候都更看重金钱和地位。不难理解，靠持续的真人秀、名人文化和社交媒体喂养的孩子们，是如何形成肤浅、扭曲的世界观的。

我与青少年病患打交道的经历使我相信，今天的很多年轻人都把注意力集中在他们的外部表现而不是内在品质上。我们的内心越空虚，我们就越倾向于关注自己的外部形象。我们拥有的内在认同感越少，我们就越依赖于衣着、奖杯或 Instagram 粉丝等外部属性，来感受安全和幸福。

在心理学中，"控制点"指的是人们对自己生活的掌控程度。外部控制点是指你觉得外部环境，比如你在社交媒体上的人气、你拥有的财产等，控制着你的生活和幸福。这些东西具有不可预见性，常常处于变动之中，因此拥有外部控制点的人常常觉得无法控制自己的生活。与之相反，内部控制点的意思是，你相信自己的内在状态——个人的努力和能力，或者你自身的平和与感激之情——控制着你的生活和幸福。

因此我常常问我的年轻病患：你觉得你生活的控制中心在哪里——是内在的你还是外在的你？

当一个年轻人需要金钱和地位——比如耐克跑鞋或最新款手

机——来让自己感到幸福和有掌控能力时，这表明他的控制中心在外部。问题在于，他们拥有的永远都不够，因为总有人比他们拥有的多。这意味着总有一个他们要试图去填补的空白。换句话说，他们处于生存模式。像这样的孩子很难自我感觉良好。他们处于持续的压力状态（惊呆、战斗或逃跑）。他们内在的消极倾向很容易被触发。焦虑、易怒、心烦意乱的暗潮妨碍着他们对幸福的感知。举个例子，他们不会庆祝自己被选为曲棍球队的副队长，他们的心思还执着于谁当选了队长。

但是，如果一个年轻人被他的价值观和自我认同所引导时，他往往就没有那么被动、焦虑，也不大可能变得抑郁。他们处于成长模式中。如果你的孩子控制点在内心，他们往往会有更强的自我意识。他们会更快乐，因为他们对自己很满意。这种自爱的内在意识使孩子保持在成长模式，为他们开启了更高的认知阶段和更好的脑力。他们专注于过上健康或有意义的生活这种内在目标上，而不是将精力浪费在表面身份上。对内在目标的追求会释放内啡肽，激励着我们的热情、积极性和创造力。

有句古老的谚语说得很有道理："幸福由内而来"（Happiness comes from within）。金钱、社会地位、牛津大学的录取通知，这些都不会带来永恒的幸福。真正的、持久的幸福只能在内啡肽等神经化学物质的帮助下，从我们内心产生。

教你的孩子识别一些警示信号

窍门就在于，让你的孩子关注他们的内心发生了什么。我知道，这一点说起来容易做起来难。尽管如此，还是要向孩子解释，他们生来就有一套近乎万无一失的体系，当他们做一些可能对自己造成伤害的事情时，这个体系就会启动。

当他们感到饥饿时，大脑就会发出警示：快去吃饭！

当他们觉得渴了，口干舌燥，还伴有轻微头痛时，大脑会说：快去喝水！

当他们感到疲劳，眼皮打架时，大脑会说：赶紧睡觉！

如果他们的肩颈由于玩太多电子游戏而疼痛时，大脑发出的信息是：动起来！做做伸展！

孤独感也是早期警告系统的一部分。大脑发出的声音是：别自己一个人待着了！快加入到部落里去！

大脑发出的信号是提醒孩子们去做对他们有益的事情，当孩子们忘记了或对此信号置之不理的时候，来自身体的信号警示灯就会亮起，一般表现为失眠、烦乱、易怒、疲惫。如果孩子们继续忽视这些信号，他们那饱含压力的身体就会释放出更多的皮质醇，最终导致身体失调。这时他们就会被焦虑、过劳、抑郁、慢性身体疼痛、糖尿病和上瘾等击倒。

因此，教会孩子们去关注他们的内部信号，学会关心自己，这是至关重要的。这叫自我关爱。没有它，孩子们就会生病。相信我，我之所以知道，是因为我经历过。

当你不关爱自己时，会发生什么？

我生来患有一种叫作埃勒斯－当洛斯综合征（EDS）的遗传疾病，这种疾病会影响胶原蛋白的生成。直到40多岁，当我被严重的慢性疼痛所困扰时，才知道自己患有这种病。由于我的关节可动性过大，导致我的平衡能力非常差，因此常常受严重的伤，但是我从来没有适当地去关注过这个问题。举个例子，我30岁的时候从自行车上摔下来，左肘、肩膀和部分肋骨被摔碎。在经历了两次手术，给予我的伤病最小限度的关注之后，在接下来的10年中我基本上忘记了那场事故。关于那些年，不管是职业还是个人生活都只有一些模糊的记忆——三次怀孕、搬家、科研、演讲和写作，以及建立精神病学的临床实践。

在那次自行车事故后没几年，我有了第一个儿子乔希，当时我34岁，是英属哥伦比亚省青少年心理健康和成瘾项目的创办负责人。我只休了四个月的产假，本来还应该多休息一阵，但电子邮件、Skype和外部控制就诱使我回到了工作岗位上。我的职业占据了我身份中太大的一部分，我需要通过它才能自我感觉良好。接着，在乔希满一周岁后不久，我再次怀孕，这次是贾埃弗，我的二儿子。在两次怀孕期间，我都保持着同样狂热的工作节奏，我开始出现严重的背部、膝盖和全身性疼痛。医生开始检查我是不是患了红斑狼疮、类风湿性关节炎或其他病症。

2010年，在生下我们的女儿吉尔不久，我就开始研究和写作我的第一本书《哈佛妈妈的海豚教养法》（*The Dolphin Parent*）。这听起来很疯狂，也的确很疯狂。因为我仍然作为一名医务主任，承担着行政、教学、科研及病患护理的责任。除此之外，我还有三个年幼的孩子、年迈的双亲和日益恶化的身体。

我在同时进行的多项事务中透支着健康。我到现在仍然不确定，是发自内心的热爱，还是完美主义在推动着我玩命工作，可能两者兼有吧。一方面，在我的临床实践里，我感到自己被一种深深的力量牵引着，想要努力平衡我身边所看到的那些危险的育儿趋势，如过度规划、过度指导、过度竞争等（我甚至发现自己也参与其中）。另一方面，当时根本不是我该承担这么大工作量的时候。然而，我实在不习惯体恤自己，我不知道如何放慢节奏，甚至不知道怎么休息。

我的身体和头脑无法长期保持这个节奏。我知道自己需要规律的睡眠、运动和社交。这些都是再简单不过的事情，但我就是很难安排时间去做。我经历了惨痛的教训才明白，知道不等于会做，简单并不是容易。为了兼顾我的全职工作与家庭责任、社会服务和朋友，我克扣了所有事关健康与幸福生活的要素。在劝告病患要学会休息、暂停、花时间与大自然共处、大笑时，我自己却疏于做这些事情。我将生活的基本要素置之脑后：有意识地呼吸、享受当下、关爱身体、每天与自己和他人对话。我当时并没有意识到这些，过多的工作量已经使我不堪重负。没过多久，我的身体就告诉了我。

到我 40 岁生日的时候，我完全被深度的慢性疼痛打倒了。有很多天，一想到起床，我就觉得害怕。我不知道到底发生了什么——没有诊断，也没有医疗方案。在我最消沉的日子里，我看不到出路。

回顾起来，我认为科技是造成我病痛的一个因素，但它同时也是使我好转的原因之一。我加入了网上慢性疼痛小组，在他人的故事中看到了与我相似的模式。经过5年的探寻，我发现并预约了网上基因测试。我将口水吐在一个杯子里，然后提交，之后收到了埃勒斯-当洛斯综合征的诊断书。

最终，我抓住了缰绳。我要做的第一件事就是改变心态，从讨厌我的身体变成爱护它，恢复健康。我必须停止以生存模式对抗它，而开始以成长模式培养它，这意味着找到平衡。

我意识到，要想好转，就得改变身体内部的化学成分：我需要减缓与压力有关的神经化学物质如肾上腺素与皮质醇的产生，增加内啡肽和其他物质的强大治疗作用。

我学会了去倾听我的直觉，那是从身体核心处接收到的信号。这样做的过程中，我将身体的内部环境从生存模式切换到了成长模式，所有的治愈和康复都在这种模式下发生。当然，科技帮助了我。

自我关爱的重要性

我们的孩子从父母、学校、教练那里接收到的很多信息都是关于完美的成绩单、得分和赢得比赛，没有人教他们怎么关爱自己。千万要明白，你的孩子不是为了让你骄傲而存在的。他不是为了满足你的情感需要或重温你的童年而存在的。事实上，他根本不是为你而来的，他是他自己。所以我们必须告诉他，如何怜惜、关爱、善待自己。他需要学会让身体释放内啡肽，而不是在手机上寻找多巴胺或受制于恐惧和皮质醇。

"自我关爱",指的是你的孩子为了关照他们的精神、情绪及身体健康所做的任何事情。它可以简单到洗个热水澡或散个步,也可以指抽时间完成一件艺术作品或独自看一场电影。对某些人来说,它可以是滑板滑雪。对另一些人来说,它意味着学会说不。自我关爱是非常个人化的,而且十分多变。它指孩子用来帮助自身修复、恢复、面对次日凌晨而做的任何事情。它常常包含了解自身的想法、感受或直觉。它与走出生存模式,进入成长模式有关。

实践自我关爱对我来说并不总是容易的,对你的孩子来说可能也是如此。我先从小处做起,花时间给我所有的鞋子都装上矫形器,偶尔也去做做治疗性按摩。后来,自我关爱对我来说意味着对自己、家人或同事在我需要多长时间休息的问题上足够坦诚,并且真正地利用那段时间好好休息。从身体上来说,我已经无法每周投入40个小时在工作上了,我必须在中午休息一下。我带着电热垫去办公室和餐厅。我对社交活动说不。这对我来说是比较难接受的。毕竟,自我关爱并不是我们当今社会重视的东西,这意味着挤出时间照顾自己往往不是一件容易的事。因此我得努力让自己坦然,对花时间关爱自己这件事,不要觉得需要道歉或解释。

与其冒险让我们的孩子经历过劳、严重疾病,或者让他们在疲惫、追求完美、没有成就感的生活中虚度年华,不如教导他们学会关爱自己。他们需要知道最重要的工作是照顾好自己。你猜怎么着?在这方面,科技可是非常有用的。

在接下来的段落中,我会概述能让身体释放内啡肽的一些基本行为，以及科技如何促进内啡肽的分泌。我利用自身的经验来说明如何学会增加体内内啡肽的产生，从而使自己成为一个更快乐、更自信、更积极的人。

休息

在第四章，我谈过将休息作为有效应对压力的技能，其实休息是人类生活必不可少的一部分，只不过我们在忙忙碌碌和科技产品中将它遗失了。

当我生病的时候，我意识到如果想摆脱压力反应体系，我就得放慢节奏，获得一些休息时间。但经历了五年痛苦的肾上腺素的持续分泌之后，我发现这是个充满挑战的任务。所以我求助于手机。我使用了像 Calm 这样的应用程序，它提供了如海浪、鸟叫和雨滴等来自大自然的场景和声音。人是"亲生物的"，也就是说，我们本应生活在自然当中。所以在我迈向更深的内在改变的征程伊始，Calm 帮助了我，就是很简单地，嗯，让我平静下来。

我们得让孩子们懂得，他们的大脑需要休息——需要一点空间和片刻安宁。不需要很长时间，五到十分钟就足够了。但即使是短暂的休息也能让头脑对每天接收到的新信息进行处理和理解。如果我们不抽时间去做这个，我们就更难记住这些知识。举个例子吧，对老鼠的研究表明，在找到走出迷宫的路之后，给它们休息时间，相比不给来说，前者对迷宫布局的记忆要好得多。

当孩子休息时，他们的大脑绝不是无所事事或低效的。头脑的平静能够使他们确认身份、理解自己，以及懂得如何与他人相处。

比如，他们可能会回想自己如何能更好地处理一场冲突或一次艰难的对话，为下次遇到类似状况做好准备。

当我们审视内心时，道德感就油然而生。当我被困在火车道口或等着孩子足球训练结束时，我突然想：我应该给姨妈打个电话，她病得很重。或者上周会议上我对同事太严厉了，我应该问候他一下。或者我跟好朋友已经六个月没联系了。当你太忙的时候，你根本无暇顾及这些。

所有古老的传统都十分看重冥想和沉思，看一看温泉洗浴、焚香静坐等宗教仪式就可以知道。基督徒在餐前祷告使人有时间思考神性，两千多年前古希腊建造的阿波罗神庙上，便雕刻着"了解你自己"的铭文。

但是今天，许多人沉迷于忙忙碌碌，我对此无比熟悉，因为我也是其中一员。我们的社会往往会污蔑那些休息的人懒惰。忙碌已经成为一种重要性的象征。

在我面对年轻病患时，我给他们开具抗抑郁药物来缓解抑郁和焦虑症状。同时我也给他们开了每天休息的处方，这对帮助他们重建心理健康至关重要。我常常鼓励自己的孩子，无论任务清单上有什么，都抽出时间来关掉电子设备、闭上双眼、让头脑放空，休息一下。

为什么孩子需要休息？

- 为了处理年轻大脑每天接收到的各种信息、知识和技能，这

> 需要放松、不被约束的时间。
> - 为了将新信息与生活经验完全融合起来。
> - 为了巩固一天的记忆，重新集中注意力，恢复学习动力。
> - 给他们时间和空间，学习管理自己的感受。
> - 学会应对无聊。

正念

每当给病人解释正念是什么的时候，我都会告诉他们，正念就是积极地活在当下。这意味着要对自身及周围的环境有敏锐的觉察，并与你的身体感知（视觉、听觉、味觉、嗅觉和触觉），以及你内在的感觉和思考联系在一起。我告诉他们，随着时间的推移，正念有助于重新改造他们的心智，帮助他们走向更健康的思考方式。

当你的孩子进行正念练习时，他们就在重新定向神经活动，从大脑的保守部分（生存模式）向感觉与理性部分（大脑边缘系统和前额叶皮质）转变。在这个过程中，他们训练自己减少对冲动的反应，放慢节奏，三思而后行。

正念的对立面是一心多用，它会分散我们的注意力，导致压力产生。当我们专心时，大脑接收到的是安全信号，这有助于我们保持冷静，集中注意力。一旦分神，注意力不断转移，大脑就会觉得我们处于麻烦当中，便会开启惊呆——战斗——逃跑反应。

研究表明，正念不仅能提高情绪的调节能力，帮助孩子感受当下，更冷静，更投入，而且还能改善认知功能，包括身处高风险的时候。正念在改善孩子的注意力和行为问题，降低焦虑方面也很有效果。在2013年的一项研究中，为期八周的正念训练改善了患有注意缺陷／多动障碍男孩的注意力，并显著减少了他们的多动行为。

正念的力量最终也在被我们的主流文化所理解。世界各地的学校都在教授这门课。在温哥华和印度，我的海豚儿童项目教三岁的孩子正念、呼吸、冥想和社交技能。一旦他们掌握了这些做法的窍门，我可以告诉你，所有年龄段的孩子都喜欢它。

冥想

好吧，我知道仍然有些人对冥想持怀疑态度，但研究结果却是再清楚不过。我可以长篇累牍地引用文献来印证，但如今你可能对冥想带来的一大串好处已有耳闻：它能缓解压力、抑郁、焦虑、疼痛和失眠。但有关冥想对孩子的影响，你可能没有听说过。这里有一些针对孩子的例子。

- 根据2004年的一项研究，冥想可以改善多动症儿童的行为与自尊。
- 2015年的一项研究表明，83%来自低收入家庭的孩子表示，通过冥想练习，他们感到更快乐、更放松、更强大。
- 根据2007年的一项研究，仅仅进行了五天短暂冥想的大学生在注意力测试中得分更高。

人们说冥想是他们尝试过的最难的事，遗憾的是，我不得不同意。学会抵制分心是我最难改掉的习惯，而每日冥想练习则是迄今为止我养成的最难的习惯。但没有什么比它对我更有益的了。

我还记得，在一个黑乎乎的冬日凌晨，我正在地下室独自冥想，突然意识到，这是六年来第一次，我没有感到疼痛。我已经完全忘记了身体不痛是什么感觉。这是经过数月的每日冥想所带给我的生命变化，我改变了旧的神经通路。换句话说，我终于能够关闭生存模式，进入成长模式了。我真正地以自己的方式在产生内啡肽。

那次过后不久，我决定停止服用镇痛药物。我把最后一瓶药倒进了马桶，为此我还特意拍视频留念。随后的七天我都处于药物撤退性的反应里：恶心干呕、头部像被击打似的疼痛，夜间盗汗。但我都挺过来了。

在那之前，我已经好几年依赖外部条件来止痛。不管是作为医生，还是作为个人，这次经历都深刻地改变了我。从前我是一名传统的、西方教育体系下培养出的医生，将身体与头脑截然分开。现在我更加具有整体性的眼光，并且热衷于帮助我的病人了解他们身体和头脑之间的联系。

大笑

我的理解是，开怀大笑给接下来的一天开了个好头。孩子们挤到我的床上来，有时还拿着iPad，轻松的周末早晨可少不了这个。我们挤在一起看斯蒂芬·科尔伯特（Stephen Colbert）和莉莉·辛格（Lily Singh）的视频。看着乔希、贾埃弗和吉尔被最新的搞笑表情包逗得在被子里翻来滚去，哈哈大笑，我也忍不住和他们一起笑起来。

研究表明，在有他人在场的情况下，我们大笑的可能性是独自一人时的 30 倍。就像打呵欠会传染一样，会触发周围人大脑中幸福感的受体。我喜欢把它想象为一场内啡肽多米诺的游戏，将幸福传播开来。

狄龙的故事

狄龙·希尔（Dillon Hill）知道大笑和联结的治愈力量。当他在加州读五年级时，他最好的朋友和同学，克里斯·贝当古（Chris Betancourt）被诊断出患有四期慢性粒细胞白血病。狄龙到医院探望朋友时，感觉很怪异：他们毕竟只有十岁，心理还没有足够成熟以处理这样的情况。直到克里斯的爸爸带来了儿子的 PS2（游戏机），一切才发生了改变。很快他们就找到了旧时的感觉。这对伙伴一边逗乐，一边大笑，玩得很开心。玩电子游戏给极不正常的情况带来了一些正常的感觉：它帮助克里斯忘记了病房里可怕的现实。这次经历使他们联结得更加紧密。"癌症对五年级的孩子来说是改变一生的事，"克里斯告诉《今日美国》（*USA Today*），"这让我们超越了普通同学关系。"

数年之后，他们进入高中，生病的经历激励着他们成立了一个名为"游戏迷的礼物"的非营利性慈善团体。两个伙伴筹集资金，把电子游戏和虚拟现实设备带到医院和辅助生活设施中，帮助减轻病人可能会感到的压力和孤独感。

音乐

人类大脑是通过音乐和舞蹈进化的。所有文化都偏爱这两者。它们以减压、治愈及令人快乐的神经化学物质点亮了我们的大脑和身体。这两者是我生活中为数不多的"常客"。青少年时期,我就开始用音乐来帮自己集中注意力,用跳舞来减轻压力,寻找乐子。我听着音乐备考期末考试,听着音乐备考医学院入学考试(MCAT),听着音乐备考大大小小的各种考试。我19岁进入医学院时,我的注意缺陷障碍和压力达到了最严重的程度,这意味着我的耳机总是得大声播放着音乐才行——纳京高(Nat King Cole)、艾瑞莎·富兰克林(Aretha Franklin)、怀旧的宝莱坞金曲、乔治·迈克尔(George Michael)、惠特尼·休斯顿(Whitney Houston),还有普林斯(Prince)。如果没有音乐,我想我是不可能成为一名医生的。

6年前,当我生病的时候,我知道我需要让我的身心摆脱病态模式。我想起了音乐的力量,便开始求助于它。你和你的孩子也可以用音乐来缓解压力,增进感情,为生活添加乐趣。我一生中最快乐的时刻就是和家人在厨房里共舞。

运动和睡眠

当孩子们做完运动或美美地睡了一觉后,他们就会体验到幸福、满足,甚至快乐。一旦没有获得充足的睡眠,他们就会感到疲倦、易怒,他们小小的身体会认为他们正处于困境,就会释放压力荷尔蒙,如你所知,这会对他们的头脑和身体造成严重破坏。

研究再三表明，即使是那些每天只做十分钟运动的人，也比从不运动的人要快乐开朗得多。活跃的人相比那些久坐不动的人，抑郁和焦虑的可能性要低得多。

自打了解了我病情的预后情况，我便确保在日常生活中增加健康的睡眠量和运动量。我开始用 Fitbit 智能手环来计步，并逐步增加每天的行走步数。我用苹果手机追踪我的日常活动、正念和睡眠的时间。

感恩

我记得第一次感到感激之情涌上心头是在我 11 岁那年。我和妈妈一起去印度，她带我去了阿姆利则的金庙。阿姆利则是临近巴基斯坦边境的一座杂乱忙碌的城市。金庙作为锡克教最神圣之地，是一座由大理石和黄金造就的精美绝伦的建筑，坐落在圣湖中央。和每一座锡克庙宇一样，金庙里有一个免费食堂，全天候向所有进庙的人提供手工制作的饭食。这个传统已经持续了四百多年，每天为多达十万人提供服务，这些服务全部是由志愿者提供的！我当时在厨房里帮妈妈干活，遇到了一群瘦骨嶙峋、衣衫褴褛、光着脚丫的无家可归的孩子，他们就住在与金庙仅一墙之隔的遗产街（Heritage Street）上。

我感到一种五味杂陈的情绪：愧疚、害怕、难过一股脑儿涌上心头。我也意识到自己多么幸运，和他们相比，我的生活是多么充实舒适。这并不是说一切完美，毕竟我的父母是苦苦奋斗的移民，没有多少钱，承担着很多责任。他们的健康和婚姻都在承受压力的考验。但是在阿姆利则的那一刻，我对他们充满了强烈的感恩之情，为了给我们提供一个多少人梦寐以求的美好未来，他们付出了巨大的牺牲。怀抱着这种想法，我回到了家，直到今天这个想法仍然在推动着我前进。

许多研究表明，感恩能够给我们的情绪和整体健康带来积极影响，会感恩的人总体来说要更幸福，压力更小。研究一再表明，简单地表达感恩之心，即使是装出来的，也能明显改善一个人的整体幸福感和生活满足感。

每天练习感恩在我的康复过程中至关重要。几年前，我开始写感恩日记，来帮助我提醒自己生命中拥有的所有美好：我那三个了不起（虽然让人筋疲力尽）的孩子，我那（偶尔）耐心细致的丈夫，我（乱七八糟）的家。当然，有时你情绪低落或只是身体不适时，还要保持完全的积极状态是很难的。然而，这正是你最需要感恩的时候。在我因疼痛而忧心的艰难时光里，我会在睡前听一听YouTube上的感恩宣言。它有助于减轻我因病情预后而产生的焦虑和悲伤。

最近，我第一次面对着几千名观众发表了演说。上台前，我花了几秒钟独自一人在休息室里，为我即将要做的事表示感谢。在衣服的遮挡下，我戴了一个臀部支架，一个膝盖支架，还有一条胸部固定带。我穿了一件黑色皮衣来遮盖厚重的带子。曾经有一段时间，我对自己的伤残与局限感到难为情。但那晚当我走上讲台时，我心存感恩、勇气百倍、活力满满。

罹患疾病让我意识到，我已经忘记了健康生活的基本要素——

练习深度的、克制性的呼吸，关注内心，休息，专注，大笑，睡眠，运动和感恩。在这方面，我绝不是个例。我坚信，身处21世纪，我们那受科技驱使的狂热生活节奏，正在导致压力、过劳、孤独蔓延。我意识到，我变得如此忙于一心多用，超额完成任务，以致我的生活和孩子们的生活失去了平衡。我不再分泌内啡肽，而不断地产生皮质醇。我被现实打倒，挣扎多年，历经艰难去重建自己，这绝非易事。但当我这样做时，我被大自然对我们的仁慈与慷慨所震撼：当我们善待自己的生物特征时，我们就会得到丰厚的馈赠。这是我们要教给孩子的重要一课：当你了解自己并关爱自己的时候，你就能治愈自己。

请记住：

- 内啡肽是人体天然的止痛剂、减压剂和极乐分子，能保护我们免受过劳、疼痛和疾病的困扰。
- 内啡肽通过大脑中的阿片受体发挥作用，在运动、大笑或深呼吸时能让我们感到幸福的涌动。
- 过劳是一种情绪衰竭的状态。它来自长时间的压力和皮质醇对人体生物系统的过度消耗。
- 科技产品使注意力分散、一心多用和完美主义愈加严重，它也是造成过劳和其他身心健康问题的原因。
- 控制点是一个心理学概念，它是确认你生活中的控制中心的。如果依赖于外部因素和事件来使自己感觉良好，那这种人容易感到不幸福。那些相信自己内心最重要的人，往往在

- 生活中做得更好。
- 我们那基于表现和绩效的文化促使孩子们形成了一种外部控制点，需求更多，但永远觉得自己不够好。
- 当孩子们转向内心，倾听自己的身体语言并进行自我关爱（如做运动或睡个好觉）时，他们大脑的动力中心就会被内啡肽的浪潮激活。
- 当他们心烦意乱，不去倾听自己的身体，缺乏自我关爱时，他们就会感到疲惫易怒。
- 正念、冥想、大笑、音乐和感恩激励着我们的头脑以更健康的方式思考，减少压力、抑郁、焦虑、痛苦和失眠，能够使记忆力、解决问题的能力、创造力和总体上的幸福感得到提升。
- 当孩子们休息时，他们的大脑可不是闲着无所事事。静下心来可以让他们确认身份，理解自己，以及懂得如何与他人相处。

解决方案

本章我们探讨了内啡肽的力量和自我关爱的重要性。当我们放慢节奏，关爱自身，比如采取休息、正念和感恩的方式时，内啡肽就会释放出来。在孩子们撒欢、大笑或冥想之后，能够自然而然地产生内啡肽这种神经递质会让他们感觉棒极了。当你的孩子与自身建立起联系并练习自我关爱时，他们会感到精力充沛，活力无限。

接下来我将列出一些你可以用来引导孩子进行自我关爱的策略。这些策略有助于孩子对抗不断增长的过劳趋势，以及完美主义和一心多用的双重折磨。我也会鼓励各种科技产品的使用，前提是它促进休息、自我关爱和内啡肽的释放。

关键策略

不要

- 过度规划孩子的生活;
- 仅仅在孩子表现好的时候，才表达你的爱;

- 拿孩子与别人做比较；
- 一味追求他们的外部表现（奖项、成绩、运动能力），忽略他们的内在品质（善良、诚实、有创造性）；
- 忘记了他们对我们的所作所为也都看在眼里。

要

- 对努力的赞美超过对表现的赞美；
- 聚焦于孩子的进步，而不是完美；
- 爱孩子本真的样子；
- 帮助他们树立现实的目标；
- 和孩子谈谈你的失败，以及你从失败中学到了什么，以此来反对完美主义；
- 引导你的孩子进行自我关爱。

避免

- 同时处理多重任务（一心多用）是有害的，所以要不惜一切代价避免它！使用科技产品时，每次集中于一项任务十分重要。记住，要不断和你的孩子谈论避免成为网络攀比和"社交控"的牺牲品。

限制和监督

任何不费脑子、没有明确目的的科技产品使用。在这种情况下，注意力分散作为一种逃跑反应，会吞噬宝贵的时间和精力。

鼓励

能够促进自我关爱行为（比如深呼吸、睡眠、正念和运动）的科技产品使用。我和我的团队开发了一款名为 The Spark Mindset 的应用程序，它可以用来提高孩子们的自我关爱、注意力、抗压力和自我激励的能力。

怎么识别孩子是否过劳？

对成人来说，过劳绝大多数情况与过度或长期的压力有关，这种压力可以来自家庭，也可以来自工作。但在孩子身上，当他们面临持续的压力或仅仅是忙碌时，由于没有时间放松和休整，过劳就会产生。以下我列出一些需要关注的过劳迹象。你会发现这些行为中，很多都显示出压力反应：惊呆（焦虑）、战斗（烦躁易怒）和逃跑（逃避或分心）。

- **拖延：** 你的孩子过去放学回家后，总是急着做家庭作业。现在得你不断提醒他，才能坐到桌子前面。
- **逃避：** 过去，他喜欢足球和跆拳道。现在，他总是编出各种理由不参加这两项活动。
- **迟到：** 他一改过去积极的态度，常常迟到。
- **注意力难以集中：** 他总是走神，每次安静坐着的时间都不超过几分钟。
- **暴躁易怒：** 最近这些天，似乎什么事都让他心烦。
- **消极：** 总是对他过去热爱的活动报以消极评论。
- **冷漠：** 他看上去对以往在意的事变得无动于衷。过去你问他体操课的情况，他能滔滔不绝地跟你说上半天。现在他只是耸耸肩来一句"还好"。
- **焦虑和害怕：** 虽然备考科学和数学对他来说一向都非易事，但他最近突然对考试变得格外焦虑，以致达到失眠和做噩梦的程度。

针对孩子的自我关爱

防止和应对过劳的最好办法就是自我关爱。还记得我们在第四章里学过的应对技能——休息、他人和游戏吗？这些活动事实上并不仅仅是应对技能。当把它们作为每天的必修课时，这些活动就成为自我关爱、健康、活力和最佳表现的工具。每日践行这三种技能，可以使你的孩子处于成长模式，让他们感觉积极、自信、有创造性。有可能的话，帮你的孩子营造一个安静、私密的个人空间，他们可以在那里练习这些技巧。科技产品常常能助他们一臂之力！孩子们越练习就越熟练。

生物反馈

生物反馈是一种强大的技术工具，孩子们可以利用它来了解自己，不管是计算他们花了多少时间坐着不动、看电子屏幕、睡觉，还是统计当他们深呼吸和玩电子游戏时心率的变化。

我的孩子们用苹果的健康应用程序和Fitbit来追踪步数、心率和睡眠质量。这个程序还可以追踪营养、月经周期和身体测量数据。还有数不清的技术装备能为类似姿势、正念及冥想提供有价值的生物反馈。

呼吸练习

正如我在第四章里提到的，深呼吸是孩子可以掌握的最有效的应对技巧之一。但是，如果你想让他们做的不仅仅是应对，那么引导他们进行每日呼吸练习可以达到最佳效果。这能使那些标志着安全和激发副交感神经系统的受体充分发挥作用。

当你鼓励孩子以全新的心态面对生活时，也可以拿呼吸这件事打个比方。就像你不可能避免呼吸或屏住呼吸只能坚持数秒钟一样，生活当中那些不可避免的变化也是如此。最终你还是得放手。

没错，孩子可以冥想！

冥想有很多方法。有些是基于古老的实践，有些则依据现代科学。令人叫绝的是，古往今来，世界各地冥想的基本技巧都是一样的：让你的心绪平静下来。将追思既往或展望未来都变成活在当下。

网上有很多应用软件提供一些基本理论，还有正念的时间及指导性的冥想。这些可以作为很好的开始。不要指望你的孩子马上就进入冥想练习的佳境。关键在于开始，然后循序渐进。我建议冥想可以作为早晨第一件事或晚上最后一件事来做，那个时间很安静，很少受打扰。一个不被打扰的舒适空间，如卧室或办公室，效果最好。

鼓励记日记

有证据表明，将你的想法和感受写下来，有助于改善心情，减少焦虑和压力。我见过很多儿童和青少年都喜欢在日记本上写写画画。这是非常个人和隐私的东西，可以考虑带孩子去买（或自己动手做）一本他们喜欢的日记本，告诉他们这是属于他们的东西，你不会偷看。

就我自己来说，我的习惯已经从用笔记下来变成直接口述录入我的手机笔记里。我发现这是一种将我的想法记录下来更快的方式，不用担心把它们丢了（谢谢你，云存储！）迄今为止，我已经编辑了很多有意义的日记条目，时不时重新阅读或收听一下是我的一大乐事。

不要忘记音乐和大笑

你的孩子有没有为不同的心情或行为创建音乐播放列表？不管是学习时的音乐，蹦床时的音乐，自驾游时的音乐，还是帮助他们放松或冷静下来的音乐。

花一些时间去评论和欣赏能使孩子大笑的喜剧演员的表演、电视节目和视频。引导孩子选择那些不带种族歧视、性别歧视的，不以他人作为取笑对象的内容。鼓励他们将使用科技产品来听音乐和大笑作为自我关爱的一部分。

学习感恩

生活中，每天尽你所能地去说"谢谢"，为你的孩子树立一个感恩的榜样。要留神你自己的抱怨，尽量减少或停止抱怨。相反，要对人们所做的能改变你生活的小事报以感恩。从小事做起！

我要求我的孩子每天早晚思考或列举三件他们感恩的事情。每次我都鼓励他们选择不同的事。我发现，当这个练习与一种日常行为，如上床睡觉、刷牙或晚饭相关联时，效果更好。你也可以用每天早晚的第一个小时或最后一个小时告诉孩子，生命中能拥有他们，是一件多么让你感恩的事，并列举你感激他们的具体事情。

自然是很棒的疗法，尤其是对孩子

人类和自然有着原始的关系，我们的身体喜欢置身户外。大自然的声音、味道和颜色能放松孩子的心绪，提高孩子的注意力。例如，清晨的第一缕阳光不仅能改善情绪，提升能量，还有助于改善他们晚上的睡眠。

我们忘记了，大自然里充满了能够治愈我们的因素：包括水、矿物质和精油。一天的运动和压力之后，我的孩子通常会泡一个矿物盐和精油的热水澡，来帮助他们恢复体力和情绪。

停止完美主义！

如果你在孩子身上看到了完美主义行为的苗头，赶紧干预！跟他们聊一聊完美主义的缺点，包括苛求自己、苛求别人会有什么样的影响。跟他们解释完美主义与焦虑、抑郁和成绩下降之间的关联。让你的孩子把颜色涂在格线外面，头发乱一点，提交冒一定风险才能完成的任务。有时候，打破一些规矩，与条条框框相悖是很好的，当然，这要在合理健康的范围之内！

少一心多用，多一些正念

正念是一种简单的技巧，强调以一种开放的、无偏见的姿态去关注当下。当我们这样做时，给大脑发出的信号是：我们是安全的，于是正念便成为减少焦虑、促进幸福的有用工具。

关于正念，你不需要多少指导，你需要的是实践！引导孩子们一次只专注地投身于一项活动。比如，我认为你怎么吃饭和你吃什么同样重要。当你在紧张状态下或一心多用时吃饭，你就会将所有食物中的好东西转化为生存模式下的能量。相反，你应该让孩子做几次深呼吸，集中精力，专心地吃饭。这可是将营养能量从生存模式转向成长模式的重要实践。

你可以在孩子的电子设备上安装一些互联网的扩展与应用程序，激励他们专心完成任务。比如一个叫"森林"（The Forest）的应用程序，你在这个应用程序上停留的时间越长，树木就长得越快。如果你打开了一个被列入黑名单的网址，这棵树就会死去。

猜猜看，鼓励孩子正念最简单的方法是什么？就是让孩子玩！我们会在第七章深入探讨玩的科学，但现在我们只要知道非科技产品的玩是一种正念形式就足够了。当你的孩子堆沙堡、玩过家家、侧手翻、在后巷投篮时，他们完全沉浸在那一刻，会释放大量的内啡肽。当玩耍发展出一种节奏，就像一个孩子凝神画画，一个少年独自玩滑板时，玩就成了冥想式的活动。

优先进行人格教育与培养

在我们的文化中，许多信息都导致了过劳、完美主义、外部控制，以及随之而来的问题，我们需要确保我们的孩子有一个他们总是能够回归的明确的道德指南。这里有一些方法，有助于在你的家里建立一套强大的道德指南。

- **制订家训和家庭价值观清单：** 你可以将诸如诚实、尊重、爱、正直、谦逊、奉献、勇气、责任及公民意识等品质包括进去。制订这个可以很好玩，从你的过去、你的祖辈、信仰或社区团体中汲取经验，丰富练习。我们家的家训是"努力工作，积极思考，让世界变得更美好，让生活充满乐趣"。

- **关注并强化学校对孩子的价值观的评语：**不要将注意力只集中在学业或运动上面，而忽略了孩子学校生活的这个方面，相比学业和运动，品质与成功的联系更为紧密。我让我的孩子在成绩单上圈出了对他们价值观的评价，如同情心、努力、善良和责任感等。

- **利用运动和课外活动来塑造性格：**运动为学习尊重别人——教练、队友和裁判——提供了很多机会，也非常有利于学习合作、练习胆量和学会谦逊。让孩子学会胜不骄，败不馁。

06

生而相连

催产素和科技如何帮助
孩子建立团队精神

你所寻找的东西也在寻找你。

——鲁米（Rumi）

💬

不久以前，我访问新西兰，去参加一个全国校长会议并发表讲话。和大多数时候一样，我通过视频电话与我的孩子们联系，他们把手机递给了我的父亲。他一直想去新西兰看一看，无奈已87岁高龄。我觉得他可能没有机会了。

我的父亲是一个数学奇才。他在印度长大，一直想当数学老师。终于在20世纪40年代的一天，他要去参加师范大学的考试了。那天早上，我父亲还去接了一个也要参加考试的朋友。这个朋友的父亲为他们做了帕可拉送行，这是一种由鹰嘴豆做成的油炸小吃。两个朋友边走边狼吞虎咽。但为了让自己儿子考上大学的机会更大，朋友的父亲给我父亲的帕可拉中加了大麻。果不其然，我父亲感到特别不舒服，试也考砸了。

但我父亲很快振作起来，并移居至加拿大英属哥伦比亚省维多利亚市，在那里的一个农场找到了工作。直到今天，他的手指都是弯曲的，无法伸直，这是在冬天劳作没有戴手套的结果，是父亲在加拿大第一份工作的鲜活记忆。其后，他又在伐木厂工作，再后来开过夜班出租车来维持一家温饱，养活他的五个孩子。父亲最终把我们的家安在埃德蒙顿，在那里，他上完了阿尔伯塔大学的夜校。经历了近 25 年，父亲终于实现了当教师的梦想。

当我在新西兰南岛上与父亲通话时，我把手机举向空中，镜头对准那曾出现在《魔戒》（the Lord of the Rings）中的那片起伏不平、云雾笼罩的非凡山脉。它那经由雨水浸润的盘根错节的丛林，闪耀着一种近乎荧光色的绿。随后，我又给父亲看了闪电形状的瓦尔蒂普湖（Lake Wakatipu），这个宝蓝色的湖泊是皇后镇皇冠上的明珠。我们还一起聆听了钟雀那悦耳的鸣叫声。这种感觉好似我和父亲在一起旅行。

手机已成为生活中一个不断分散我注意力的东西，但在那些与父亲沟通的短暂时刻，及其他很多类似场合，它却值得我报以深深的感激。在那一天，我本能地感受到了科学几十年来在不断证明的东西：我们与他人的联系是与生俱来的。同情和与他人连接是我们存在的理由。我们与他人的关系赋予我们生活以目的、意义和快乐。

父亲在位于世界另一头的温哥华，但在那一刻，我最想做的就是见到他，和他在一起，向他展示他为我所做的牺牲让我取得了怎样的成就。有了智能手机，我就能做到这一点。

关于我和父亲的那次交谈，可能最有趣的地方在于我们相隔了 11000 公里，我却不需要与他同处一室，就可以感到安全、温暖和心心相通。这意味着对年轻人来说，存在很多进行网上联系的健康方式。新的研究表明，重要的是你孩子在使用哪种媒介类型。对同学在 Instagram 上发布的内容进行评论是一回事，与亲密朋友通过

Skype 进行有意义的交谈则是另外一回事。

爱是一种叫作催产素的神经化学物质

那天，当我和父亲进行交谈的时候，我们看着彼此的眼睛，回报对方以微笑，我们的身体里正充斥着一种叫作催产素的荷尔蒙，它是人与人之间维系感情的神秘钥匙。催产素是大脑中心的下丘脑产生的另一种快乐化学物质。

催产素又被称为"爱情荷尔蒙""拥抱荷尔蒙""道德分子"。它是一种神经递质，为孩子之间的情感连接和爱提供动力。当孩子们拥抱奶奶、蜷在小狗旁边或读到一份充满爱意的生日祝福时，会产生愉悦的感觉。催产素帮助孩子们维持与他人间亲密、健康的关系，据说它是孩子们的美德——从信任、共情到合作——中的核心要素。

科学家首先在新生儿妈妈的身上发现了这种神经化学物质，她们在分娩后会经历催产素的激增，这让她们觉得自己与新生儿的联系更紧密。催产素还有助于降低妈妈的血压及心率，缓解她们的紧张情绪。当我们感到与别人相连时，我们就有可能走出生存模式，想要对别人伸出援手，关爱我们身边的人。一项针对老鼠的研究表明，当把新生小鼠放进笼子时，笼子里事先被注射过催产素的雌鼠会照顾小鼠，如果没有被注射过催产素，雌鼠是会攻击小鼠的。

催产素就好像童话故事里的爱情魔药，让我们更善解人意、更慷慨、更温暖、更愿意与人建立联系。关于催产素，我最喜欢的一点是，它很容易就能解决你的问题：你需要做的就是唤起爱、同情和与人相连的感觉。一个拥抱，甚至仅仅一个充满爱意的想法就可以奏效。

研究人员发现，当父母对孩子投以微笑、拥抱或与孩子一起玩耍时，他们体内的催产素水平会上升。那是因为爱不同于欢乐和幸福，它是一条双行线。它在两个人之间的共同联系中最为强大。科学家们认为，当两个大脑以这种方式互动时，它们就会同步，这个过程被认为是受所谓"镜像神经元"支持的。镜像神经元是一种脑细胞，它能使我们下意识地"模仿"他人的行为和情绪，来感受他人的感受。因为它们允许我们看到、感受到和模仿他人的行为和感受，这些镜像神经元被认为在移情与理解他人意图方面发挥着作用。

催产素并不仅仅来自我们的大脑。它也从我们的心脏中释放出来！感谢心脏数理研究所（The Heart Math Instituce）等机构的开创性研究，对古老文化中一直存在的东西，我们现在可以证实了：人类心脏可不止作为一个机械泵那么简单。心脏包含约 40000 个专门的、智能传感的神经突触，当我们感到与他人相连时，这些神经突触就会将神经化学物质如催产素直接释放到我们的血液里。心脏还包含能够合成和释放心房肽的细胞。心房肽是一种有趣的荷尔蒙，关于它，我相信我们还会发现更多。目前心房肽被称作"平衡荷尔蒙"，因为它不仅在液体和电解质的平衡中起着重要作用，而且有助于调节血管、肾、肾上腺的功能，对大脑中很多控制中心也起调节作用。心房肽会抑制压力荷尔蒙的释放，并似乎与免疫系统相互作用。实验表明，心房肽甚至可以影响动机和行为。

简而言之，我们的心脏，甚至可能比我们的大脑更能影响我们

06 生而相连 催产素和科技如何帮助孩子建立团队精神

的感觉。知道了心脏实际上会对社交互动做出生理反应，这会让我们更清楚地意识到人际关系的强大力量。

我们生而相连

来自认知科学、比较动物行为学和进化生物学的大量且不断增长的研究支持这样的观点：你的孩子，如同所有人一样，是与生俱来的社会动物。这种社会交往的需要深植于他们的DNA里。他们渴望社群生活。他们被本能驱使着，对周围的人充满好奇，想要分享他们的故事、秘密和情感。他们天生便趋于在深层次上与他人建立联系。事实上，如果没有这些真正的社会性互动，孩子们就会受折磨。

不管你信不信，你的孩子对社群的需求，就像他们对食物和住所的需求一样重要。这些与他人间的关系滋养着孩子。它们以孩子为中心。它们使孩子感到自己是被爱、被支持的，他们很重要。和一群志同道合的人紧密相连，这是"使我们成为地球上最成功物种的关键之处"，神经生物学家马修·利伯曼在其著作《社交天性：人类社交的三大驱动力》(*Social: Why Our Brains Are Wired to Connect*)中这样写道："与他人相连，赋予了生命丰富的底色，使我们感到安全，使我们认识到，我们身处比自身更伟大的事物当中。"

这也许有助于解释旨在搭建一个将我们与朋友相连的平台，Facebook作为因特网的顶级网站，之所以长盛不衰的原因。确实，如果Facebook是一种宗教的话，它有23亿信徒，将成为超过基督教

（21亿）和伊斯兰教（15亿）的世界第一大宗教。

我在之前提到过，史前时期人类的生活是多么的残酷，存活的概率如何取决于被部落接纳的程度。一旦被驱逐，就相当于被判死刑。你的"现代部落"由你常常拜访、定期联系、时常查看的人组成。与他们联系使你感到更加幸福，当你幸福了，你和别人在一起时就会变得更有趣。这就产生了一个亲社会型反馈环路，如下图所示：

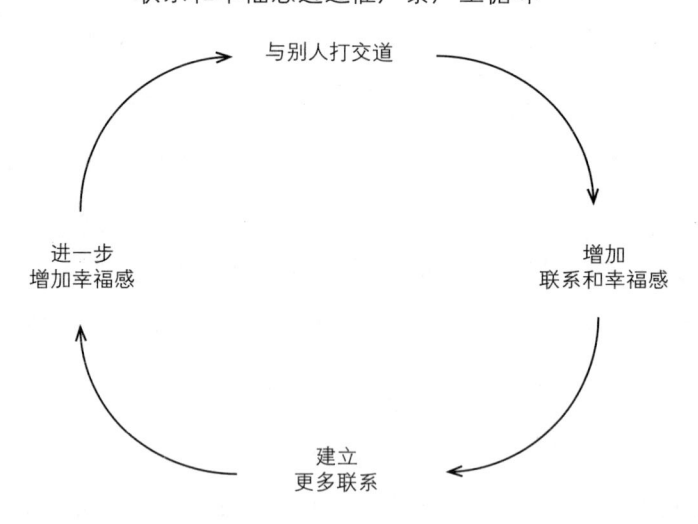

联系和幸福感通过催产素产生循环

与别人打交道 → 增加联系和幸福感 → 建立更多联系 → 进一步增加幸福感

为什么被抛弃的感觉如此伤人？

我们被旧石器时代的过去所塑造，为了忍受部落社会残酷现实的需要而养成的生存本能，在今天仍然影响着我们的行为。这就是为什么我们渴望融入集体，害怕被抛弃的原因。我们有好消息时，会想要与部落分享，如此他们就会继续看重我们，把我们留在部落圈子里。这解释了为什么朋友的一句刻薄话或恋人的拒绝会如此伤人。如果我们在童年时期被亲人所伤害，不管是虐待、忽视，抑或父母的死亡，都可能导致长期的健康和行为问题。

当我们与社群间的纽带受到威胁或被切断时，我们会感到心理学家所说的那种"社会性疼痛"，而且通常是内心的痛苦。我们可以从语言中看到这一点。生理疼痛的术语几乎普遍应用于表达情感疼痛——比如，英语中"She hurts my feelings"意为"她伤害了我的感情"。法语当中的"J'ai mal au coeur"意思是"我的心好痛"。西班牙语"morir de pena"意为"心碎至死"。与此同时，说德语的人则用"herz gebrochen"表达那种让人"心碎"的感觉。

古人的语言中也可以见到这样的情况。作为已知最早文明之一，苏美尔人有一句谚语，请求爱神"用油浇灌我疼痛的心脏"。《圣经》中提到心痛可以追溯到公元前 1015 年："辱骂伤破了我的心，我又充满了忧愁。我指望有人体恤，却没有一个。我指望有人安慰，却找不着一个。"《诗篇·69:20》。鲁达基（逝于公元 941 年），被公认为波斯语诗歌之父，他曾经写道："雷声隆隆，如同心碎的爱人，发出低吼。"

没错，社会性疼痛确有其事

神经科学方面的最新研究进一步显示，我们的大脑在表达生理疼痛时使用的神经元回路，也会在同一地点被用来表达社会性疼痛，从而产生平行反应。就大脑而言，情感上的痛苦和身体上的疼痛是无法区分的。这证实了我们天生就知道的东西：被嘲笑、被疏远、被霸凌是真的真的很痛苦。

关于这一点，最广为人知的研究之一是一项虚拟抛接"橄榄球"实验。21 世纪初期，在加州大学洛杉矶分校（UCLA）的社会认知神经科学实验室进行的一系列研究中，参与者被连接到能够显示他们脑部活动的功能性核磁共振实验设备上。尽管实验对象认为，她是在与连接到类似设备上的真人一起玩掷球游戏，但事实上和她对战的是预先编排好程序的虚拟替身。玩了一阵之后，这些替身开始互相掷球接球，把实验对象排斥在外。这时实验对象的前扣带回皮层，也就是负责处理疼痛的区域，开始变得活跃。她感觉受到了被伤害和冒犯。

这个实验表明，即使在一个简单的接球游戏中被忽略这样微不足道的事情，也会被大脑显示为令人痛苦的事件。进一步的研究也表明了同样的结果，即使被排斥的人被告知，他们将会因为被孤立而得到报酬。这说明，老话中的棍棒与石头（棍棒与石头可能会打断我的骨头，但话语决不会伤害到我）需要更新了，更准确的表述应该是"棍棒与石头可能会打断我的骨头，但话语会深深地伤害到我"。

人际交往现在已成为奢侈品

尽管我们需要人与人之间的接触，就像需要食物和住所一样，但在这个强调效率的时代,自助结账、数字图书馆等却使人与人之间的沟通机会锐减。我们的现代世界正日益围绕这样一种观念而建立,即人类更喜欢独居生活,并且能靠自己的力量茁壮成长。我们的社会经过重新调整,来满足我们足不出户就能在 Netflix 上排队看电影、在 Uber 外卖上点餐的需要。但这也同样改变了孩子们与周围世界的互动方式。

有些人选择从周围世界中彻底退出。在前面第三章中,我提到过日本的蛰居族,指的是整日待在房间里上网,与外界相隔离的年轻人。我最近开始为一位青春期的男孩子做治疗,他的父母担心孩子越来越孤立会影响他的心理健康。"我真的不知道父母为什么带我到你这儿来,"安德里亚斯第一次见我的时候说,"我喜欢自己待着。我喜欢一个人熬夜。我打游戏的时候会和别人在线上聊天。我生活中不需要其他人。我什么毛病都没有。"到底谁是对的呢?

的确,人与人的社会接触程度通常存在着很大的差异。我的三个孩子里,两个个性安静、好思考、偏内向,另一个外向,喜欢高谈阔论,说个不停。作为母亲,我在自己家里就把这一点看得清清楚楚。但是安德里亚斯说的就对吗?有些孩子独处就完全没问题吗?爱和归属感我们生活中可以没有吗?

安德里亚斯宣称他的生活中不需要别人,他也许的确学会了尽己所能去抚慰自己。但他大脑中要求亲密和连接关系的情感回路,将遭受深切的痛苦。像我们这样的社会动物,身处社会的边缘不仅是让人难过的,而且是危险的。广泛的研究已经显示,被隔离养大的猴子会形成严重的社会缺陷和隐居倾向,它们在笼子的角落里缩成一团,机械地摇摆,并做出自残行为。当试着让它们和其他猴子住在一起时,它们不会去学习如何和其他猴子玩耍或互动。它们变得胆小、冲动、极富攻击性,并且丧失了性欲。当美国心理学家哈里·哈洛(Harry Harlow)剥夺了幼年猕猴的社会接触一年之后,它们在社交方面"被彻底摧毁"了,他观察到,"它们无法进行任何形式的互动。"

出于显而易见的原因,我们不能在人身上进行这样的实验。但研究者们在20世纪90年代从贫困的罗马尼亚孤儿院里援救出的孩子们身上,观察到了类似的毁灭性反应,当时这个国家禁止堕胎。这些儿童中有许多人营养不良,在婴儿床里无人照料,每天只得到五六分钟的照料,他们长大后有严重的社交、认知和行为问题。他们对冲动的控制能力很差,学业一塌糊涂,在管理和调节情绪方面存在问题,自尊心低,还有一些病理性的行为,包括抽搐、发脾气、偷窃和自虐。科学家们开始认识到,早期的社交剥夺会改变一个人的大脑和行为。在某些情况下,被忽视的影响将是不可逆转的。

20世纪90年代,精神病学家斯图尔特·格拉森(Stuart Grassian)对隔离的影响进行了一些十分著名的研究。他曾经采访了几百位长时期处于隔离监禁状态的囚犯。格拉森发现,大约1/3的人有"急性精神病或严重的自杀倾向",他还观察到幻觉、极度偏执、冲动、自虐和敏感等症状。

芝加哥大学一项进行了十多年的研究表明,在社交上被隔离的人更敏感易怒,更具侵略性,更抑郁消沉,更易失眠,更以自我为中心,更可能以负面的眼光去看待陌生人。被长期隔离的人会变得对嘲笑过度警觉，并倾向于认为别人都是充满敌意的，这会造成恶性循环。

有时候我在想，那些被盯着手机的妈妈来照顾的婴儿，或者，那些想和忙于使用手提电脑的爸爸一起玩的蹒跚学步的宝宝，又或者，那些几乎无暇从电子屏幕上挪开眼睛的青少年，他们的大脑会发生什么变化？他们是不是错过了父母和孩子之间至关重要的"社交舞蹈"？是不是错过了与眼前人沟通和建立亲密关系的机会？

孤独的代价

很遗憾，你的孩子总会在生命的某个时刻感到孤独。当他们对社会性联系的需求得不到满足时，可怕的痛苦就会出现。虽身处繁华的都市，周围是朋友和最亲密的家人，他们也可能会感到孤独。但如果这种孤独持续下去，就会变成慢性病，并对他们的健康和幸福构成重大威胁。

虽然我现在见不到很多上了年纪的病人了，但我对多年前在医疗培训期间遇到的一位老人仍然无法释怀。当时死亡将至，她自己也知道这一点。医生说她最多只能活两个星期。当我温柔地询问她在最后的日子里有没有想见的人，她回答说没有。在这个城市里她没有任何直系亲属：没有伴侣、没有孩子，也没有亲密的朋友。倒是有个表亲住在对岸，但他们已经多年没有联系了。她的孤独让我十分担忧，也让我去思考，在她因癌症而过早离世的过程中孤独是不是发挥了什么作用？

科学对此的回答是肯定的。我也遇到了越来越多的和她境遇相似的青少年病患：孤独、寂寞，甚至连个亲密的伙伴都没有。以下数据反映了我在实践中看到的情况：

- 30年前，当美国人被问到一生中有几个知己时，最常见的回答是3个。如今，最常见的回答是0。
- 这个问题在工业化国家最为严重，1/3的人都表示感到孤独。
- 50%的加拿大人说他们"常常感到孤独"。
- 50%的美国人说他们"缺少陪伴或有意义的人际关系"。
- 最近在英国进行的一项调查中，60%的被调查者将他们的宠物列为最亲密的伙伴。
- 在日本，40岁以下的人当中，有超过50万人至少有6个月没有离开过家或没有跟任何人有过互动。

孤独不仅让你感觉糟糕，它还会让你抑郁消沉。它让人无法入睡，甚至会导致过早死亡。我们是社会性动物，我们的身体中慢性压力的来源就是社会支持体系的缺失。

- 孤独可能比吸烟、空气污染或肥胖更不利于长寿。
- 长期孤独还与心脏病、痴呆症等各种疾病的发病或死亡的风险增加有关。
- 最近有一项针对148项研究所做的综述，结论是孤独使女性的死亡风险增加49%，使男性的死亡风险增加50%。研究表明，社交上被孤立的孩子，即使在 20 年之后健康状况也明显较差。

- 16—24 岁的年轻人比年龄较大的人群更容易感到孤独。对这个年龄段的人来说，孤独和社交孤立是自杀的主要诱因。

孤独和自杀的关系很复杂。并不是每个感到孤独的年轻人都会自杀，也不是说孤独总是在年轻人试图结束生命的决定中发挥着作用。但我们知道自杀和孤独之间存在某种联系，减少孤独感会对降低自杀风险很有作用。每个年轻人都需要知道，寻求帮助是可以的，而且会有人倾听你的心声。

在总结自己身为医生的经验时，美国前医务总监维韦克·穆尔蒂（Vivek Murthy）说，在他作为美国顶级医生期间，他看到的最为常见的病"不是心脏病，也不是糖尿病，而是孤独。"的确，从阿片类药物危机到英国脱欧，从美国总统唐纳德·特朗普（Donald Trump）的当选到大规模杀戮，孤独一直被指责为助长一切的罪魁祸首。2019 年被指控在得克萨斯州一家沃尔玛枪杀 22 人的年轻人，被《洛杉矶时报》(the L.A. Times) 描述为"极端孤独者"。同样的描述也适用于安德斯·布雷维克（Anders Breivik），2011 年在挪威造成 77 人死亡的大煞星；还有人称"炸弹客"的泰德·卡钦斯基（Ted Kaczynski）；还有赵承熙（Seung-Hui Cho），他在 2007 年弗吉尼亚理工大学校园枪击案中造成 32 人死亡。

孤独在英国已经成为一个严重的问题，以至于政府在 2018 年特意任命了一位"孤独部长"来试图解决这个问题。英国消防员接受了训练，要检查家庭中是否具有社交孤立的迹象。作为英国"孤独终结战"的一部分，邮政工作人员正在挨家挨户上门检查老年居民的情况。在英国各地，大约有 3000 个"男性棚屋"开放，这是一些旨在将老年男性和退休人员聚在一起的公共讲习班，大家可以一边摆弄从自行车到书架的任何东西，一边聊天。

尽管孤独很普遍，尤其是在工业化国家，但人们往往回避谈论孤独。我们认为这是一种令人难过和羞愧的状况，"从心理上说，就相当于生活中的失败者或弱者。"花了数十年对孤独进行研究的约翰·卡乔波（John Cacioppo），在 TEDx 演讲中如是说。他告诉观众，否认孤独就像否认你口渴或饥饿一样，毫无意义。

在线交流是好的连接方式吗？

互联网一直以来总是以社交健康的关键因素——沟通，作为它对人的承诺。社交媒体把让世界"连接得更紧密"（Facebook 的宗旨）整天挂在嘴上。在互联网使用的初始阶段，不管人们多么害羞或多么孤僻，它都能帮助人们建立起虚拟关系，看上去这是给孤独开的一剂解药。精神病学家艾伦·弗朗西斯（Allen Frances）在 2019 年告诉加拿大《全国邮报》（*National Post*），这些虚拟关系可以是"那些一无所有的人的救命稻草"，但同时他补充道，"它们也会成为将人拖入更孤独状态的锚。"

想一想你在自己孩子身上观察到了什么吧。想想上次看到你女儿和她的朋友们坐在沙发上的情景，每个人不是在发短信，就是在拍照，没有面对面的交流。她们既没有咯咯笑，也没有相互拥抱。她没有做任何能让身体大量分泌催产素的事情，那种能让她感到被爱和与人相连的事情。如果你女儿像我认识的许多孩子一样的话，她虽然看上去在不停地交流，但却鲜有真正的社交。她的聚会就是在群里发短信。

但网上还是有很多便于年轻人交流的健康方式。新的研究发现，重要的是他们用什么类型的媒体进行交流。2016年的一项研究中，来自宾夕法尼亚伊斯顿拉斐特学院的一个研究小组发现，当蹒跚学步的孩子通过FaceTime与研究人员配对之后，他们可以学会拍手和模仿。但关键的一点是，当通话被预先录制好，孩子既看不到也听不到与他们配对的伙伴时，他们就不学了。这说明，即使当我们的关系由科技来进行连接和沟通时，我们仍然需要体验它们最人性的一面，只有这样，我们才能体验深度和有意义的连接。

你可能在自己的生活中也注意到了这一点。你有没有过在FaceTime看见某人后特别激动的体验？无论是你最好的朋友刚出生的宝宝还是你好久没见的弟弟。能够外出工作，跟父母们聊聊养育孩子的酸甜苦辣，我觉得特别幸运，但当我长时间不在家时，我又会特别思念我的孩子们！所以我就建立了一套能让大家都好过的惯例，每当我到达一家新酒店，我就上FaceTime给孩子们展示我的房间，告诉他们我正置身于哪个国家或城市。只要一看到他们的笑脸，我就感觉到幸福的洪流。我开始放松下来，感到被平静笼罩。有时我与孩子们通过FaceTime的谈话甚至比在家时的谈话还要有意义，因为在家的谈话常常在我催他们上床睡觉的时候发生！显而易见，视频聊天带给我们的是健康的连接。

2018年公布的一项研究着眼于调查Skype能不能帮助老年人避免抑郁。这项由俄勒冈健康与科学大学（Oregon Health and Science university）精神病学教授艾伦·泰奥（Alan Teo）主持的研究，最终结果令人大吃一惊：在为期两年的跟踪调查中，使用视频聊天的人抑郁的可能性比那些使用电子邮件、社交媒体和短信的人低了一半。

这些研究表明，通过实时视频是能够实现人与人之间真正的在线连接的，即使在老人和小孩子间也可以做到。所以，再说一遍，你的孩子是否在通过网络与他人建立关系，取决于连接的方式。

我的专业领域中有很多人，他们鄙视电视和电子游戏，建议父母要禁止这些东西。但是我倾向于认为，电视和电子游戏为人与人之间的连接提供了有意义的方式。当我儿子和他的同伴们一起玩电子游戏时，我能从他们身上看到友情，听到他们的笑声；当我女儿收到她表哥发来的一个特别而又具个性的视频时，我能从她身上感受到那份愉悦。每逢感恩节，我们全家都会拿着手机，围坐在电视机旁，观看美国有线电视新闻网（CNN）的"日常英雄"特别节目。这档由新闻主播安德森·库珀（Anderson Cooper）主持的长达两小时的节目，表彰的是那些竭尽全力帮助他人的人。作为一档互动类节目，它使我们全家去学习，去参与投票选出我们最喜欢的英雄，并在这个过程中深受鼓舞。

阅读、写作、算术……关系？

我想告诉父母们的是，孩子不需要 400 个在线好友，父母们也不需要为孩子在足球队、学校、体操队和夏令营的朋友们安排一起玩的时间。这不现实，也没有必要。孩子真正需要的是一两个亲密的朋友和较强的团队意识。他们所拥有的两到三种关系的质量才是真正重要的。2010 年，在蒙特利尔的康考迪亚大学（Concordia University）进行的一项令人瞩目的研究表明，一个朋友就足以避免焦虑、孤僻的孩子患上抑郁症。

和父母一样，孩子也会经历生命的起起伏伏。那些生性害羞、容易难为情的孩子适应起环境来就更加困难，对他们来说，青春期特有的焦虑情绪可能会加速发展为失控状态。但康考迪亚大学的研究显示，在前青春期的孩子当中，一个好朋友就足以阻止他滑向抑郁的深渊，并赋予他恢复的能力。该研究的主要作者、心理学教授威廉·布科夫斯基（William Bukowski）博士认为，父母应该把友谊作为"第四个 R"，也就是说，"在'阅读'（reading）、'写作'（writing）和'算术'（rithmetic）之后，应该还有'关系'（relationships）"。

我们做父母的往往非常关注孩子的学业成绩。（我首先要承认，有时我会为此感到内疚！）当我们这么做的时候，就会忽略很好地保持情绪健康的方法，尤其在动荡的青春期。所有父母的一个关键作用就是帮助孩子发展一种有意义的、积极的联系。孩子们小的时候，我们可以帮他们安排与伙伴们的玩耍约会、在朋友家过夜、一起远足或逛公园。但总归有一天，他们不需要我们做这些了，那我们就得从他们的社交生活中后退一步。但这不意味着我们完全撒手不管。我们可以鼓励他们去建立让人振奋的友谊。我们可以和他们谈谈，怎么发展和达成健康的关系，朋友对我们来说有多重要。

记住，社交可能是好玩的，但它和建立社会关系不是一回事。可以肯定的是，对某人在社交媒体上的动态信息进行评论绝对不是社会关系。

同理心的终结？

有一个朋友，最近跟我谈起她怀孕期间每天乘公交车上下班时注意到的一件事。即使是在她怀孕 8 个月的时候——大腹便便，显而易见很不舒服——也没有人再像 7 年前她怀第一个孩子时那样为她让座。她在想，这是不是反映了一种社会变化：人们变得越来越自私了吗？越来越没有同情心了吗？他们是不是太热衷于手机和社交媒体，以致对周围那些处于不适与不幸中的人视而不见了？

我的朋友并不是唯一一个认为社会正变得日渐残酷、麻木和孤立的人。

- 根据 2018 年舆观调查网（YouGov）的一项调查显示，51% 的英国人认为大众的同理心在明显下降。
- 密歇根大学在 2010 年的一项广泛研究显示，自 1980 年以来，大学生的同理心下降了 40%，特别是在过去 10 年中降幅尤其

06 生而相连 催产素和科技如何帮助孩子建立团队精神

剧烈。该研究是在调查了近 20 年来大学生自我报告的同理心数据的基础上得出的。

- 与此同时，该研究还显示，大学年龄段的年轻人自恋程度上升了 58%。

卡森的故事

当我读到一位名叫卡森·克里梅尼的 14 岁男孩于 2019 年 8 月离世的消息时，我问了自己和朋友一个同样的问题。卡森才刚刚读完九年级，高中生涯的第一年，就因为吸毒过量而死于英属哥伦比亚省兰里市的一个公园，当时他和一群比他大的孩子在一起。孩子的死亡总是一场悲剧。但这个事件的真相却让人深深地感到不安。

卡森患有严重的多动症，常常在学校遭受无情的霸凌，所以收到一群比他大得多的孩子的邀约，对他来说是一件难得的高兴事。当他出现反常、处于困境时，那些大孩子给他毒品，嘲笑他，并给他拍摄了长达几个小时的视频。当时和他在一起的年轻人中，没有一个想到要去帮助卡森或报警。相反，他们将卡森的照片制成表情包，将他所受的煎熬发到 Snapchat 和 Instagram 上，并给照片和视频配上诙谐的文字。

在当晚拍摄的他们取标题为"12 岁忸怩作态的小娘炮"视频当中，卡森看上去处于严重毒品麻醉状态，据称他是服用了一种派对毒品，也就是摇头丸。他的汗水浸湿了灰色的帽衫，他随着音乐在摇摆，周围是一群年轻人嚎叫和喝倒彩的声音。这个过程持续了好几个小时，即使当卡森出现过热并丧失说话能力时仍在继续。当卡森看上去已经想不起自己的名字时，年轻人爆发出一阵大笑。那时他蜷着身子，抱住自己，看起来极度惊恐不安。在当晚拍摄的最后一张照片中，一个少年斜倚在救护车上，救护车里的卡森正在抢救中。照片标题是："卡森快死了。LOL（笑脸）"几分钟后，卡森真的死了。

对于 Z 世代的年轻人来说，他们每天花大约 9 个小时上网，表情包——带有匹配文字的图像或视频，意味着有趣或讽刺——已成为沟通最为流行的方式之一。但身处这样一个靠评论和关注衡量人气、由"一切关乎点赞"的价值观主宰的世界里，对于不可容忍的行为的尺度在不断地提升。卡森的姨妈，戴安娜·克里梅尼告诉《环球邮报》(The Globe and Mail)，她担心如今这些通过屏幕来观看所有事的年轻人，会在辨别现实问题上遇到麻烦，"对他们来说，没有什么是真的……有多少孩子坐在家里眼睁睁看着卡森死去却无动于衷？"戴安娜认为，如果有人向旁观者或攻击卡森的孩子灌输了同理心，她的外甥或许今天还活着。

同情心与同理心

同情心与同理心是常常被混淆的两种特质。尽管人们老是将这两个词互换使用，但它们属于相关却不同的两种感受。

同情心是对别人的处境表达悲伤、同情或怜悯，被别人的经历所感染的能力。它归根到底是一种对别人的不幸投以关注并被其感动的能力。

同理心，按照心理学家阿尔弗雷德·阿德勒（Alfred Adler）的说法，是"用别人的眼睛去看，用别人的耳朵去听，用别人的心灵去感受"。它归根到底是对他人所体验的一切的理解力,是一种感同身受的能力。

提升同理心

大多数孩子能感受到同情心,但不是所有的孩子都能感受到同理心。尽管可能存在某些遗传基础,但同理心是一种需要培养和鼓励的习得性品质。我们的孩子要发展同理心,首先得通过面对面的交流,他们才能最好地看到站在他们面前的这个人的全部。

能够设身处地为他人着想的有同理心的孩子,是敢于直面霸凌的孩子。他们勇于采取行动,让世界变得更美好。他们往往会成为适应能力很强的成年人,用尊重、理解和同情去对待他人。相反,童年时期同理心的缺失往往与霸凌、欺骗、道德理性薄弱,以及焦虑和抑郁等心理健康问题相关联。对缺乏同理心的孩子来说,很难建立有意义的关系。当他们无视别人的想法和感受时,他们的行为会被认为是伤感情的。

但同理心最好的习得方式是通过体验。作为父母,我们为孩子提供了第一个机会,让他们感受同理心的强大作用。

造成同理心衰退的原因包括电子屏幕和社交媒体使用时间的增加,父母之间竞争激烈和名人文化的兴起,学校对标准化考试的重视,以及玩耍时间的减少等。2014年,加利福尼亚大学洛杉矶分校的一项研究表明,六年级学生中,那些连续五天连电子屏幕都没有瞟一眼,或没有使用任何电子产品的人,在察言观色、识别情绪方面远远好于那些持续埋头于电子产品的同龄人。"如果你无法理解别人的情绪，你就很难对别人感同身受。"心理学家米歇尔·宝帕（Michelle Borba）这样解释道。情绪素养无法通过表情符号、表情包和推文来学习。根据斯坦福大学神经系统科学家贾米尔·扎基（Jamil Zaki）的观点，"如今，我们和别人的互动都是通过在线的、匿名的、部落式的，这可是同理心的不毛之地啊。"

2017年，纽约大学的心理学家威廉·布雷迪（William Brady）和他的团队进行了一项研究，他们分析了大约50万条关于两极分化话题的推文，包括枪支管制、同性婚姻、气候变化等，想要确定为什么有些推文能在网上一石激起千层浪，有些却连水花都没有。布雷迪发现，一条推文包含的"道德情绪"越多，也就是越愤慨，它被转发的次数就越多。这意味着，社交媒体上的信息并不是简单地反射给孩子一个愤怒的世界，而是在推波助澜地创造一个。

问题在于，并不是所有社交媒体都导致孩子失去理解和与他人分享情感的能力。我们从经验中得知，社交媒体也促进了无数的合作，帮助提高人们的合作意识，并为有价值的事业筹集了数百万资金。2018年，加拿大萨斯喀彻温省的一支青年冰球队洪堡野马（Humboldt Broncos）所乘的大巴，在一条公路上遭遇事故后，一场名为"资助我"（GoFundMe）的众筹战役打响，为伤亡球员及家属筹集了1500多万美元的捐款。在卡森·克里梅尼死后，人们也通过类似的活动为卡森的家人筹集了4万多美元。正如我们在这一章所学到的，科技并不意味着一定会剥夺孩子的同理心，它也有助于培养孩子的同理心，就像正确使用科技产品能帮助孩子与他人建立有意义的、积极的连接一样。

请记住：

- 你的孩子和所有人一样，是天生的社交动物。这是由 DNA 决定的。
- 孩子需要个人身份，也需要群体身份。他们渴望被团体接受，渴望融入，害怕被抛弃。
- 孩子们被深层动机所驱动，保持与朋友和家人的联系，对周围的人充满好奇，与他人分享故事、秘密和情感。
- 联系的需求对孩子来说是基本需求，就像需要食物和住所一样重要。
- 催产素，即所谓的"拥抱荷尔蒙"，是为爱、联系和信任提供动力的神经化学物质。当孩子们拥抱奶奶，与小狗玩耍，或收到一份特别的生日祝福时，催产素就会在他们的体内涌动，产生一股愉悦感。
- 孤独感可能比吸烟、空气污染或肥胖更不利于长寿。
- 同理心是可以习得和培养的。
- 父母和教育工作者的一个根本职责是引导孩子理解和建立健康的社会关系。
- 标准心理测试显示，"智能手机一代"在同理心方面出现了急剧的衰退，对此，人们认为屏幕使用时间过长难辞其咎。
- 并不是所有的屏幕使用时间都会导致孩子失去理解和与他人分享情感的能力。视频通话就好得多，因为人们在沟通时需要看到彼此的脸。

解决方案

在本章中，我们了解到孩子是社会动物，当他们体验亲密关系和爱时，通过催产素的释放，孩子就会感到安全、精神振奋和充满动力。对于像我们这样的社会物种来说，与世隔绝和孤独寂寞是危险的，数字时代减少了我们与他人联系的机会。因此，帮助孩子增强与周围人之间的联系，就显得至关重要。

接下来我将为你提供一些方法，帮助你的孩子建立健康的关系，避免危险的关系，并在与同龄人的友谊和关系中保护自己。这些实践将有助于构建面向未来的沟通、合作和贡献等 CQ 技能。我还会探索父母如何帮助孩子防止网络霸凌和色情短信的侵害，这两种存在于年轻人中间的普遍行为，是有损于健康联系和健康团体的。

关键策略

不要

- 假设数字联系是有意义的联系。

- 忽视儿童和青少年的孤独问题。
- 让孩子忙得没有时间与别人建立联系。
- 和孩子交谈的时候看手机。

要

- 引导孩子与自身建立健康的关系。
- 教孩子怎么找朋友，以及怎么当别人的好朋友。
- 监控和培养孩子的同理心。
- 教导、示范和实践健康的自信。
- 向孩子解释矛盾冲突、恶劣行为和恃强凌弱的区别。

避免

- 任何类型的负面网络联系：诈骗、掠夺、网络谩骂、网络霸凌、卑劣的朋友、不健康的关系，以及会导致社交控或攀比的媒体等。

限制和监控

- 肤浅的、无意义的联系，如 Snapchat 或表情包。

鼓励

- 那些促进有意义联系的科技。比如视频聊天、积极的电子邮件、在线研讨、手机短信和一些社交媒体。

如何建立健康关系

建立关系的技能，如同阅读和数学技能一样，是一步一步培养起来的。除非孩子与自身有一个健康的关系，否则他们无法与别人建立起健康的关系。我常常问我的病人：如果你自己都不爱自己，别人怎么爱你呢？如果你不能与自身建立联系，又怎么能跟别人建立起联系来呢？我把这叫作他们"内在的个人关系"。这可以说是生命中最重要的关系了。

当孩子们花时间独处，开始了解自己的时候，他们就会发展出自信来。你可以通过以下几种方式对孩子施以帮助：

- 引导孩子学会自我关爱。教他们原谅犯错误的自己。提醒他们，他们只是孩子，犯错是成长的一部分。与其让他们沉溺于悔恨和自我批评，不如教他们明白如何从错误中吸取教训，知道下次该怎么做。
- 引导孩子们去鉴别和依靠他们个性当中能服务于他们的部分，并努力改变那些不能服务于他们的部分。比如说，如果他们常常冲人发脾气，事后又后悔，那么父母应该向孩子解释，他们已经养成了这种习惯，但是如果他们能做出改变并加以训练的话，他们可以发展出其他与人沟通的方式。
- 在自我关爱和积极改变的征途中，要对孩子的努力和小胜利给予赞美。表扬他们为迈向自我关爱而做出的努力，比如顶着同伴的压力与不健康的友谊保持距离，或在体育比赛中受伤后拒绝重返赛场。

怎么找朋友以及怎么当个好朋友

对孩子们来说，认识到健康与不健康的友谊之间的区别是很重要的。当我教孩子去辨别的时候，我会回到那三种动物的隐喻：海豚、鲨鱼和水母。就像理想的父母关系一样，海豚也是理想的朋友类型。鲨鱼和水母则不太理想。运用这些隐喻去帮助青少年更好地理解和鉴别他们与同学、朋友、恋人之间的关系，帮助他们在交友问题上做好选择。

海豚式朋友既坚定又灵活，就像这种海洋哺乳动物一样。他们：

- 有强烈的价值观，如诚实、尊重、正直和同情。
- 对生活中的小事又十分灵活，比如到哪个饭馆吃饭，玩哪个游戏等。
- 将沟通和协作作为基本的人际关系工具。
- 视妥协为健康的行为，只要不违背他们任何的核心价值观就好。
- 对意见分歧和人的差异充满好奇，但决不评头论足。
- 坦然面对生活中的起起伏伏。如果一个朋友不能来参加他们的生日晚会，他们也能理解。
- 努力去贡献，去帮助别人。
- 重视、参与并帮助建立起他们周围的团体。

水母式朋友懦弱，随波逐流，就像这种海洋无脊椎动物一样。他们：

- 不会表达他们的意见和看法。
- 过度悲观，任人践踏。
- 不会自我保护。
- 可以违背自己的价值观。
- 在短期内常常避免与人起冲突，但随着时间的推移，这会使他们成为别人的追随者，取悦别人的人，甚至成为霸凌的对象。

鲨鱼式朋友攻击性强，凡事以自己为中心。就像这种独居的海洋动物一样，他们：

- 咄咄逼人，十分专横。
- 以自我为中心。
- 好评头论足。
- 在协商中总是自以为是。
- 可能会在短期内得偿所愿，但却创建了非常不健康的关系模式。

在不同的时期，根据问题和关系的性质，你的孩子可能是水母，也可能是鲨鱼或海豚。但是要记住，我们的外部行为通常是内部活动的反映。所以要引导孩子去找出那些能够自我调节，懂得压力管理和自我关爱重要性的朋友。这些朋友不大可能成为鲨鱼或水母，他们是你想与之为伍的海豚。

海豚式的自信技巧

即使是最好的友谊也会存在紧张时刻！因此，重要的是教会孩子，如何进行健康的沟通，如何表现出积极的自信，这些都能够巩固他们的友谊。如同海豚一样，这种技巧运用在与别人进行沟通时，强调的也是既坚定又灵活的态度。比如，你孩子的朋友在玩电子游戏方面是个鲨鱼，那么你可以鼓励孩子用下面的方式来回应他们：

坚定的："不，谢谢，我现在不想玩电子游戏。"

灵活的："要不我们打篮球或者玩蹦床？下次再找时间玩电子游戏吧。"

三明治沟通法

你可以将海豚式的自信技巧再优化，在两种正面陈述中夹入一种坚定、自信的陈述（这有可能被认为是批评）。这是一种比较体恤别人的沟通策略，它使你的孩子在保持一种正面积极语气的情况下，还能把自己的意见表达得明确直接。

比如，如果你孩子的朋友在社交媒体上发布了一张照片，这张照片让你的孩子不太开心，他可以这样说：

正面陈述：塔拉，谢谢你邀请我参加昨晚的聚会，太好玩了！

果断声明：我在社交媒体上看到一张昨晚聚会时我的照片，让我感觉不太舒服。你能把它撤掉吗？

正面陈述：好期待我们下一次的聚会哦！

如何培养同理心？

我们不能想当然地认为孩子们自己就会发展出强大的同理心，特别是在这个快节奏、被科技驱动的世界里。因此，父母有意识地引导孩子形成同理心就十分必要。下面是一些技巧：

- 教孩子经常与别人进行眼神交流。
- 让他们接触不同的人。
- 与他们谈论霸凌事件。
- 在冲突过后，讨论一下每个人的感受。
- 父母要向孩子示范，如何给予那些看起来与众不同的人以尊重。

引导孩子做贡献

人是社交动物，天生就有贡献他人和感受回馈的需要。人类动机的最高形式被称作"使命"或"目标"，这是由我们与世界的联系，以及我们对世界做出贡献的愿望所驱动的。当我们这样做的时候，我们会获得一种"作为帮助者的快感"，这是来自多巴胺的馈赠。

贡献并不只是志愿性的工作，它存在于每一项活动当中。当孩子在学校、在体育运动或在一个校园剧当中表现突出时，提醒他们，他们的努力在积极地影响着别人，不管是通过直接贡献，还是通过努力、应变力和毅力带来的榜样作用。引导孩子与家人、朋友、团体和世界缔造一种牢固的联系，并运用这种联系去驱动他们，这会带来伴随他们一生的积极作用！

建立牢固联系的方式可以是在现实生活或网络中激励孩子去做一些善良的小事：

- 引导孩子去做"网络后援"。练习在网上说一些善良友好的话或支持朋友——特别是看到有人说了诋毁他们的话时。
- 帮助孩子参与在线社区建设活动——从当地的公益网站到重大国际问题的救灾页面。记住，参与并不是必须要捐钱。简单地转发一封邮件给朋友、点赞、留下积极的评论都是强有力的连接方式。
- 鼓励他们发送友好的短信、可爱的表情符号或简短的语音给需要帮助的朋友和家人，或者仅仅向周围传播一些爱！
- 鼓励孩子客观面对"点赞"，或以一种正面的方式去回应。对于他们来说，重要的是学会在表扬面前轻松淡定，并以得体的行为来回应。让他们练习说一句简单的"谢谢你的赞美，这对我很重要。"（这和需要表扬截然不同。为了自我感觉良好而寻求表扬可能一开始会带来一些动力，但不会持续很久，最终会导致他们感受到更多不安全感。）用这种方式鼓励孩子，可以引导他们将收获"点赞"视作一种鼓舞而非自我膨胀，从而做出更大的贡献。

如何防止网络暴力

即使你的孩子正在努力培养健康的沟通技能和同理心，他们也有可能遇到极具攻击性、行为举止像鲨鱼一样的同龄人。

网络霸凌的特征就是反复使用智能手机和应用程序去伤害别人，使他们发怒、难过或害怕，包括发送伤害性信息或在社交媒体上发布令人难堪的照片等。

大约有 87% 的青少年目睹过这种类型的霸凌。因此，询问你的孩子有关网络霸凌、卑劣行为和他们在上网时遭遇的其他冲突，鼓励孩子在看到任何让自己不舒服的事情时，都来你这里寻求帮助。这样的询问不应该是偶尔为之，而应该成为一种习惯。随着孩子渐渐长大，你需要以越来越复杂的方式和孩子就这类问题进行持续讨论。你可以采用多种方法来切入主题：

- 提及你们听过或读过的故事或新闻；
- 问孩子开放式的问题。比如，为什么你认为网络霸凌会给人带来痛苦？你见过有人这样被欺负吗？
- 让孩子知道，你这么问是因为关心他们。向他们保证，你不会立马抓狂，跑去与其他学生或家长对质，你也不会没收他的电子设备，或把他们转到另一所学校去。
- 谈谈如果他们被欺负了该怎么做。

如果你的孩子正在遭受网络霸凌，应该怎么办？

- 安慰孩子，无论他听到什么或看到什么，他都是安全的，是被支持的和被爱的。
- 告诉孩子，这种情况是可控的，而且迟早会过去。
- 提醒孩子，告诉大人并不是打小报告，而是为自己挺身而出。从长远来看，这也会帮助霸凌者改正错误。
- 让孩子暂时放下手里的电子产品，不管是手机还是笔记本电脑。建议他不要去搜索那些令人不安的内容，特别是当他独自一人的时候。如果孩子坚持要知道别人都说了他什么，那么由你来帮他查，或找一个可靠的第三方来帮他看。
- 鼓励孩子，去找找线下那些真实的朋友们。这有助于降低网络霸凌体验的强度，并能够提醒孩子，他有真正可信任的好朋友。
- 可以考虑联络学校或警察。如果有任何可能构成仇恨言论或儿童色情的内容，一定不要犹豫，立刻联络。
- 不管你的孩子是被霸凌的一方，还是霸凌者，都要考虑和涉事的另一方家长取得联系。
- 如果孩子上传了一些让他后悔的东西，帮他把内容撤下来，并对它们可能引起的伤害做出补救。
- 教孩子不要在紧急情况下立即做出反应。因为他可能会出说一些以后会后悔的话。
- 教孩子在与可靠的大人商讨过之前，不要在现实生活中与霸凌者打交道。霸凌者要的就是一种反应，所以别给他这种反应。
- 屏蔽任何发送冒犯内容的人的手机号、账号和电子邮件。
- 如果需要证明有关霸凌的指控，可以考虑收集证据——截图。保存并打印霸凌信息，以备不时之需。

色情短信

色情短信仍然是一个相对较新和复杂的话题，我们正在持续地了解它，它也在不断地发生演变。一方面，对性和恋爱关系的某些探索是青春期成长过程中的正常现象；另一方面，色情短信会变得不健康，毒害身心。

色情短信指的是通过文字、社交网络或应用程序等方式与他人分享色情内容、图片或视频。通常，色情短信来自孩子正在约会或考虑约会的对象，但也可能来自朋友或团体。色情短信的内容包罗万象，可以是与性相关的短信，也可以是半裸或全裸的图片、视频，或色情作品。

作为父母，你需要理解这种压力。2015年密歇根州立大学的一项研究表明，24%的青少年自述他们曾被自己视为朋友的人性骚扰过。许多分享私密内容的青少年在事后会感到羞愧或后悔。研究还发现"害怕在情侣眼中表现不佳的人，比那些在感情上具有安全感的人，更容易发送色情短信"。

父母应该怎么办呢？

- 确保色情短信是你和孩子有关两性关系的谈话的一部分。
- 不要等到事情发生了，才去和孩子谈论关于健康的性和两性关系的问题。问问你的孩子，"你听说过色情短信吗？"他们可能知道得比你还多！这也有助于确保你们之间有关色情短信的谈话在年龄上是合适的。
- 如实回答孩子有关色情短信的问题，但是也没必要给他们过多的信息。这需要随着孩子年龄的增长，以不同的方式通过多次对话来进行。
- 确保孩子明白，在很多地方，未成年人发送色情短信会被认为是犯罪行为。
- 建议孩子收到任何色情图片时，立刻删除。
- 告诉孩子永远不要向人索要露骨的照片或图像。
- 提醒孩子，有些东西一旦看见了，就不再是没看见。有些东西一旦发出去了，就无法再挽回。一个比较好的提醒自己的办法是，发送任何东西之前想想如果祖父母、老师、教练或表亲们看到这些内容，他们会做何感想。
- 向孩子解释，尽管他们可能会因为巨大的压力而发送或索要色情图片，但这可能会产生有害的长期后果，最好避免。

07

创造的本能

血清素和怎样帮助你的
孩子掌握他们的未来

世上本无事,庸人自扰之。

——中国谚语

莉莉·辛格（Lilly Singh）的故事没有什么典型性。2019年秋天，这位31岁的喜剧明星开始了她在美国全国广播公司（NBC）的首秀——《莉莉·辛格晚间秀》(*A Little Late with Lilly Singh*)。她不是通过电影或电视走红的。相反，她的名气和财富是通过她在卧室自编、自导、自演小视频，然后上传到YouTube而积累起来的。这些视频的总浏览量已经超过了10亿次。

辛格成长于多伦多的郊区，她崇拜"巨石"道恩·强森（Dwayne "The Rock" Johnson），梦想在嘻哈界大展拳脚，但父母却不辞劳苦地把她推向了更传统的事业。在她22岁那年，还在多伦多约克大学学习心理学的她患上严重的抑郁症："我只是在走生活的过场，做父母希望我做的事情。"

发现手头有大把的空闲时间后，辛格开始在YouTube上看搞笑视频让自己开心。有一天，她一时兴起，想要上传一些她自己的东西——一首口语诗。尽管不久后辛格就觉得"太疯狂"而把这首诗撤回了，但它仍然获得了70次点击，这对当时的辛格来说，不啻于出了名："我一下子惊着了。这些人是怎么发现这个视频的？"她告诉《好莱坞报道》(the Hollywood Reporter)，"他们是谁？他们为什么要看这个视频？"更重要的是，这点燃了辛格的热情。"在学校上了这么多课之后，我发现，只有在这项事业中，我能做我热爱的东西。"她在 2019 年的专访中这样对《纽约杂志》(New York magazine)说道。

继第一个视频后，接着便有了第二个，第三个。在她打折购买的佳能 T3 单反相机镜头前，辛格越来越自如，她还自学了更多有关灯光、角度和视频编辑的知识，于是辛格开始着手打造她自己的品牌，这是一种聚焦于青少年文化和她自身的南亚文化传统，古灵精怪的、基于观察的喜剧形式。不久，她就以"超女"(Superwoman)的人物形象在 YouTube 上每周两次上传视频。到 2017 年，福布斯(Forbes)将辛格列为 YouTube 上收入最高的女性，也是该平台整体收入排名第三的人。

喜欢花哨颜色和反戴货车帽的辛格，也体现了 YouTube 的 DIY 气质。2019 年，辛格接替了卡森·达利（ Carson Daly ）在 NBC 的位置，创造了电视节目的历史。达利走的是一条传统的成名之路，先是作为广播电台主持人，后作为音乐电视节目主持人，而辛格却是使用数字工具，自学了从摄影技巧到喜剧拍摄的所有内容，从而开创了一条新道路。

07 创造的本能 血清素和怎样帮助你的孩子掌握他们的未来

具有创造力的孩子

辛格用来跻身全球名人行列的敲门砖，就是创造力，你的孩子也具有这种能力。毕竟，孩子生来就是创新者，这是由他们的DNA决定的。当孩子处于创造过程中时，他们呈现的是最真实可信的自己。

"创造力"（creativity）这个词常常是一个模糊的概念，对此没有具体明确的界定。但大多数人都同意，创造力是一种产生新东西的能力，不管是新点子还是新设计，抑或想法之间的关联，又或者是一个问题的解决方案，都属于新东西。"creative"这个词源自拉丁语"creare"，意思是产生，引起。创造力并不局限于天才的作品，也不局限于最初的奇迹。它存在于我们每个人身上。

启蒙时代的思想家们，如托马斯·霍布斯（Thomas Hobbes）和约翰·洛克（John Locke），都把人的想象力和创造力视作人类进步的阶梯。的确，创造力一直是进化和发展的重要驱动力。它是我们之所以为人的基本元素。我们能够独自想象一些东西，然后把它变成现实，不管是洞穴里乳齿象的壁画，还是从疾病中痊愈，抑或是虚拟现实的跑步机。正是这种与生俱来的人类潜能将智人（拉丁语意为"智者"）与我们的原始人祖先区分开来。

我常常把人类思维比作指纹：没有哪两个孩子的思维方式和大脑结构是相同的。每个人都是独一无二的，都是遗传因素和生命体验的结果。孩子们必须通过挖掘自身的巨大创造潜能，来学会发挥他们的特性、爱好和才干。他们的自主性、掌控力与意志力都不能由外界的任何人来赋予，即便父母也不行。本章要探讨的是，科技通过什么样的方式，帮助孩子们发现他们的个人爱好，激发他们的创造力，并找到他们真正的目标和使命。

这是你的大脑对血清素的反应

每个人都渴望活得有意义，没有人愿意毫无痕迹、默默无闻地死去。我们的大脑逐渐进化到渴望从他人那里寻求尊重。这就是为什么当你受到赞赏或负责一方事务时，你会感觉良好。这种行为背后隐藏的关键就是血清素——一种产生安全感、满足感和自信的神经化学物质。它还能增强自尊，提升创造力和价值感，并有助于消除焦虑。

回想一下你为自己感到骄傲的时刻吧。也许你实现了一项重要的个人目标，或者得到了同事们的广泛认可。你感受到的信心和力量都来自大脑中血清素的积累。这种神经化学物质有助于你的孩子创造性思维的发展。当他们使用应用软件或网站，或玩游戏，而这些能增进他们的创造力或对世界的认识时，他们的大脑就会释放血清素。当孩子们不管是通过写作、绘画还是演奏音乐来学习、想象、合作、创造或满足他们的激情时，都会对增强他们创造能力的认知和生理过程产生刺激，导致血清素水平的增长，使他们感到快乐、自信和满足。除此之外，还有其他一些刺激血清素释放的因素，如阳光、运动和社会联系等。

血清素水平的下降会使孩子情绪消沉、易怒，或无法控制冲动。事实上，血清素功能障碍被认为是导致焦虑和抑郁的原因之一。实验室研究人员发现，那些在生命早期大脑快速发育时缺乏血清素的小鼠，成年后会表现出焦虑行为。研究表明，压力会扼杀创造力。处于压力下的灵长类动物不再追求新领地或新配偶。当人处于压力下时，也倾向于依赖熟悉的事物。

用来抵制焦虑和抑郁的药物如百忧解（氟西汀）、西普妙（西肽普兰）和左洛复（舍曲林）都是作用于血清素系统。这一类药统称为选择性血清素再吸收抑制剂（SSRIs）。它们通过抑制对神经递质血清素的再吸收，从而使其在大脑中停留更长时间。

科技提升创造力的六种方式

人类进化是为了创造，而科技正不断地使孩子们拥有比以往更大的梦想。它使孩子们以不同的方式看世界，从任何他们想要的地方获取信息，找到和发展新的爱好、观念和想法。以下是科技可以帮助孩子提升创造力的六种方式：

1. **信息**：这可能是创造力最为重要的因素。如果不为别的，互联网的存在至少是为了分享信息。在这一点上，孩子们可以接触到他们所能想到的任何主题的信息。

2. **效率**：科技加速了创造过程。想想写作这件事，不管是虚构还是非虚构的作品，计算机和文字处理软件使写作和编辑过程变得更快更容易。当然也有一些著名的"顽固不化"者——如作家尼尔·盖曼（Neil Gaiman）、乔伊斯·卡罗尔·欧茨（Joyce Carol Oates），还有史蒂芬·金（Stephen King）据说仍然喜欢手写小说——但他们只是例外！

3. **获取方式**：只要是有手机的青少年，都可以拍个快照或录个视频。拍出漂亮照片或创建基本播客设置所需要的工具对普通人来说，变得越来越容易，它也正在将你的孩子使用创造性手段的渠道不断拓宽，这在以前都是不可企及的。

4. **合作**：科技让世界各地志趣相投或思想多元的年轻人合作起来比以往任何时候都容易。当我们合作时，思想的碰撞便可能引起创新。

5. **在线学习**：像大师课（MasterClass）这样的在线学习机会让你的孩子有机会学习一些创造性领域的基本技能，如写作、演讲、编剧、导演、表演和烹饪等。

6. **新工具**：3D打印、讲故事和视频创作工具给予孩子们探索新事物、运用不同方式和不同媒介展现自己的机会。

辅助技术的奇迹

就像YouTube为莉莉·辛格提供了她父母无法想象的未来一样，科技也为我的儿子乔希开创了更好的未来。乔希9岁的时候被诊断出患有书写困难和文字表达障碍。这意味着他很难将自己的想法写在纸上，即使他能，他的笔迹也很难辨认。之后他又被诊断出患有注意缺陷/多动障碍。他会变得心烦、冲动，会大声喧哗。他也会健忘，做事没有条理，在日程安排管理上也是困难重重。不久以前，乔希还在学校苦苦挣扎。老师和学校领导认为他懒惰、邋遢、愚蠢。

从统计学意义上讲，乔希能否读完高中是很值得怀疑的——这严重限制了他的自尊、职业选择，甚至他一生的幸福。但对乔希来说，辅助技术为他开启了一个完全不同的未来。

由于书写存在障碍，乔希做作业、写论文和参加考试都使用了打字和语音听写系统。由于患有多动症，乔希在上课和考试时会使用降噪耳机来帮助他集中注意力，同时使用日程表提醒和数字记事本来帮助他管理时间。如果没有这些工具的话，乔希一定会在整个学校系统当中无所适从。

如今，乔希已成为一个充满自信的少年，他以可爱、积极的人格魅力吸引着周围的人。乔希记忆力超群，对模糊性事实情有独钟。他动作敏捷、乐于交际，很有魅力。他还是一位富有天赋的演讲者，参加过国际比赛（12岁那年，他发表了一篇关于种族不平等的演讲，获得了在场500名成年人的起立鼓掌）。乔希的记忆力、社交能力、演讲才能使他认识到，尽管他可能在某些方面存在缺陷，但他也有过人之处。演讲从那以后便成为了他的一个爱好。他知道他的未来充满光明。一想到乔希如果早出生10年，他的生命可能会是什么样子，我就感到不寒而栗。

通过科技在学习、表达和创造力方面提供的新手段，乔希所依赖的那些辅助技术正在为存在学习差异、心理和身体健康方面有问题的孩子提供越来越平等的教育平台，这些问题包括了多动症、语言处理障碍、视觉感知/视觉运动障碍、自闭症及阅读障碍等。

剑桥大学的物理学家斯蒂芬·霍金（Stephen Hawking），于2018年去世，享年76岁，他或许是辅助技术方面最伟大的先驱。他在21

岁读研究生时被诊断出患有神经肌肉萎缩失调，即肌肉萎缩性侧索硬化症（ALS）或葛雷克氏症（Lou Gehrig），之后霍金便向我们展示了辅助技术可提供的关于成功的长期潜力。他也表明了，对那些原本可能没有能力的人来说，科技是如何带来机遇，使他们为人类的知识和文化做出重要贡献的。

霍金成了一个文化偶像和全世界最知名的科学传播者之一，他以一本《时间简史》（*A Brief History of Time*）影响了全球的读者。这本有关宇宙学的书思路清晰，语言诙谐，创下了连续四年半位列《泰晤士报》（*the London Times*）畅销书榜单的记录。霍金说他尽量避免用科学术语来拖累这本书，而代之以最通俗易懂、实事求是的写作风格。他想让普通人"感到他们不需要被重大的智力和哲学问题拒之门外"。霍金一生中发表出版了许多科学论文、述评及儿童读物。尽管ALS使他逐渐瘫痪，他仍然在世界各地发表演讲。

当他丧失了说话能力后，霍金在他的电脑键盘上附着了一个拇指开关，可以让他"撰写"演讲稿，并通过一个语音合成器进行"演说"。到了生命的最后几年，他虚弱到无法移动手指时，他在语词预测算法的帮助下进行交流。通过绷紧脸颊，眨动右眼，霍金仍然能够控制他的计算机。

在他的一生中，霍金对我们了解早期宇宙和黑洞特性所做的贡献，超过了阿尔伯特·爱因斯坦（Albert Einstein）以来的任何一位科学家。如果没有辅助技术的帮助，这些知识可能就永远封存在他的大脑里了。

来自中国的教训

现在让我们探讨一下教育方式是如何帮助孩子提升他们的创造力的。

每隔三年,世界各国就会准时地关注起彼此的教育系统。这正是国际学生评估项目(PISA)结果公布的时候。国际学生评估项目是一项对15岁学生在数学、科学和阅读能力方面进行的国际考试测评。来自中国上海和中国香港的15岁少年一直稳居全球排名的前列。在2009年测评结果公布之后,美国位于第24位,远远落后于分别位于首位和第二位的中国上海和中国香港,美国教育部长面对这一结果,发出了"我们正处于教育落伍"的"残酷事实"的慨叹。

测评结果给西方媒体、政客和政策制定者发出的信号是,中国的高分数 = 优质的教育 = 值得效仿的教育体系。西方政府试图通过取消课间休息和体育课,引入更多考试,对学生要求更加严厉等措施,使他们的学校更加"中国化"。与此同时,北京却在将这个国家的教育引向相反的方向,远离死记硬背和疲劳战术。的确,这个体系培养出了优秀的考生,但中国官员已经明确意识到了它的缺陷。

随着创新性变革持续推动着现代全球经济,中国知道,如机器人一般的学生能力是欠缺的,并不足以满足国家的需要。在我为《哈佛妈妈的海豚教养法》进行巡回售书时,参观了位于上海的复旦大学,此行所得到的数据证实了这一点。在复旦大学,我见到了一个专家小组,他们的任务是为国家教育体系制定新的方向。

每一个有志于上大学的中国学生都必须参加全国大学入学考试,

也就是通常所说的高考。在过去的50年里，中国政府收集了数以百万计有关高考的数据。在上海的时候，有人问我，我觉得那些每年高考排名前列的学生身上会发生些什么，真正的答案却令人震惊：什么都没有。中国顶尖的学生既没有转向发明新专利和创造新科技，也没有转向发现治愈疾病的方法。他们上完大学后就"消失"了。

中国的政策制定者并非没有意识到，马云，中国最著名的商业巨头，不仅高考落榜两次，而且有一次数学只考了1分（满分120）。马云最终进入了大学就读英语专业，成绩中等。1999年，他在自己的公寓里创立了当今全球最大的电子商务公司阿里巴巴。

"我告诉我儿子，你不需要在班上排名前三，"马云有一次在演讲中说，"处于中游就可以。只有中不溜的学生才有足够的空闲时间来学习其他技能。"像马云一样，中国很多顶级科技公司的CEO都曾是排名中等的学生。

随着中国转向一种希望能培养出具备创新能力的学生的教育体制，它开始对学校考试的频率和重要性进行制约。政府还出台了政策，为学生减负，禁止学校在寒暑假及其他非上学时间为学生提供额外辅导。除此之外，它还将教育从传统科目扩展到重视CQ，即：创造力、批判性思维、沟通、合作和贡献。这种方法包括教授社交技能、提供以游戏为主的学习、实行道德教育，更重视艺术教育，并且为学生独立思考、探索和创造提供了越来越多的机会。

CQ 技能如何取得成功

在我任教的大学里，我曾经面试过来考医学院的学生，这些面试强化了 CQ 技能的重要性。我们的招生对象人才济济，有来自北美各大学排名顶尖的本科生、训练有素的钢琴演奏家、奥运会级别的运动员。这些人的履历表明他们都是经过专业训练、学习勤奋、智商很高的学生。但对新一代内科医生来说，这已经不够了。

在面试时，我们也对他们的 CQ 进行了评估。比如，在一些面试点，我们会发放给学生一幅画、一节简短的乐句，或一首小诗。让学生们先观察一分钟，然后进面试室解释他们对这个画像或文本怎么理解，以及为什么这样理解。他们有七分钟的时间，长到可以做一篇即兴演讲了。

这个练习考察的是学生的创造性思维，它衡量的是学生当场思考的能力。对于这种类型的考试，是不可能提前准备的，有些学生就考砸了。一个女孩压力太大，当场哭了起来。我的同事们把这种学生叫作"脆皮或茶杯"，意思是说他们好像是需要用气泡纸包装起来一样，十分脆弱，一旦遇到阻碍就容易崩溃。这些学生往往厌恶风险、容易疲惫紧张、做事死板，能进入医学院的学生应该具备的是完全相反的品质。

但还有一些申请人，他们在这种测试中的表现让人赞叹不已。他们能够快速思考，并将自己的想法完美表达出来。他们直视着我的眼睛，露出自信的微笑。他们的演说充满激情和权威。他们能够从生活经验中汲取营养，他们的价值观闪耀着光芒。当我遇到他们时，我想，这正是我希望能成为我孩子儿科医生的那类人。

在教授医学院学生（或其他任何学生）时，我们不需要像以往那样只关注教学内容，相反，我们应该更多地重视教他们怎么思考，怎么提出正确的问题，怎么以同理心去面对病人，怎么积极主动，怎么创造性地解决意外难题，怎么应对现实中的压力。要做到这些，我知道最好的办法。

游戏的力量

游戏是我们的本性。尽管弱肉强食是所有哺乳动物随时都会面临的生存压力，但它们仍然每天都会抽出时间来游戏。对各个年龄段的人来说，游戏直接与大脑前额叶皮质的发育有关。前额叶皮质位于大脑前部我们眼睛的正后方，它管理着我们最高层次的思考和运作。

对所有动物的幼仔来说，花在游戏上的时间会直接关系到它们小脑的生长速度和大小。小脑位于脑干的上部，负责许多功能，包括平衡和协调等运动技能。

此外，游戏还会刺激神经发育，在之前相分离的区域间，推动新神经元的连接。研究显示，游戏还会刺激与抽象思维、情绪调节、问题解决及战略制订等相关的神经通路。它推动我们去冒险，教会我们怎么适应环境。在灵长类动物当中，游戏有助于建立和重建亲密关系。比如，打了一架之后，黑猩猩喜欢挠彼此的掌心来表达喜爱和亲密。

但不是所有游戏都是以同样的方式产生的。概括起来，大致有两种类型：自由游戏和有组织的游戏。

自由游戏是富于创造性和即兴产生的。它帮助孩子增强韧性，有助于他们在情感方面成长，还帮助他们发展解决问题和冲突的能力，并发展他们的协作技能。比如，玩毛绒玩具或沙子能激发创造力、想象力和健康的情感表达。过家家可以让孩子们把新情况表演出来，从别人的视角去看待生活。

有组织的游戏或称目标导向型的游戏，指的是通过公认的模式来达到目标。比如拼装乐高，它就包括说明书、汽车模型或宇宙飞船装备；或者玩一场有组织的游戏，如足球、体操或曲棍球。

这两种类型的游戏对孩子的健康、学习和成长都有好处。但对那些玩着高度组织化游戏——比如事先嵌入软件程序中的游戏，孩子在玩的过程中不是领导者，而是追随者——的孩子来说，问题在于他们在游戏过程中表现出"执行功能"的缺失，也就是自己制订和执行计划的能力缺失。如果孩子们自由游戏的时间越多，这种能力就发展得越好。

因此，过去几十年里自由游戏的丧失——连同这样一个事实，即科技对此难辞其咎——正在引起人们的高度关注。

例如，2019年一项针对1000名英国保育员的调查显示，72%的人认为，如今的孩子相比五年前来说，少了很多想象的朋友，63%的人认为，这是由于不断增长的电子屏幕使用时间造成的。不少父母都倾向于认为，所有电子游戏也都是游戏。但是，这在很多情况下是被动的组织化了的游戏，它遵循着一定的软件程序规则。在这些情况下，电子屏幕剥夺了原本属于孩子们想象、发明、创新的时间，从而影响了他们的创造力。如果孩子们没有建立起想象力所需要的神经突触连接，他们大脑中这部分功能就无法发展起来。

然而，也有一些鼓励所有年龄段的孩子进行自由游戏的应用软件及程序。由麻省理工学院（MIT）开发的少儿编程网（ScratchJr），让孩子们创作他们自己的故事、动画和游戏。电子游戏也可大致分为自由游戏和组织化游戏两大类。比如，"我的世界"（Minecraft）就是让孩子们创造一个他们自己的世界，这和许多第一人称射击游戏，也就是在一个已创建好的世界中让孩子们扮演单一角色的游戏截然不同。

说到底，自由游戏是在为孩子提供适应任何状况所需要的认知框架和灵活思维。作为父母，我们听到的是孩子们整天都想"玩"科技产品。但我们还需要识别他们想玩哪种游戏，并鼓励他们玩自由游戏。我要告诉父母的是，无论何时，只要有可能，让孩子离开电子产品，去外面玩玩，摆脱规则和结构，开动他们那出色的小脑瓜，尽情嬉戏。

游戏培养孩子的创造力和适应力

创造力和适应力实际上是一枚硬币的两面：有创造力的孩子往往具备适应力，有适应力的孩子往往也更具创意。创造力意味着想出新点子和做事的新方法，归根到底，这也是一种适应并灵活解决问题的形式。

有创造力和适应力的孩子聪明、快乐、坚强。他们学会的是，用尽可能好的方案来解决问题，并常常能够设想出全新的解决方法。他们身经百战，知道自己足够强大，能够使未知状况豁然开朗。他们不害怕不确定性或失败。他们学会了适应变化和不幸，学会了在出现问题时坚持不懈。他们学会了克服困难。这些都是孩子们在非组织性的游戏中发展起来的。

创造力既是一种习惯，也是一种存在状态。它使孩子看到问题的核心，或以新的眼光看待一种情况，这反过来又能使他们在看似无关的事物间建立起联系，从而获得新的视角。

游戏、创造力和自信心通过血清素循环

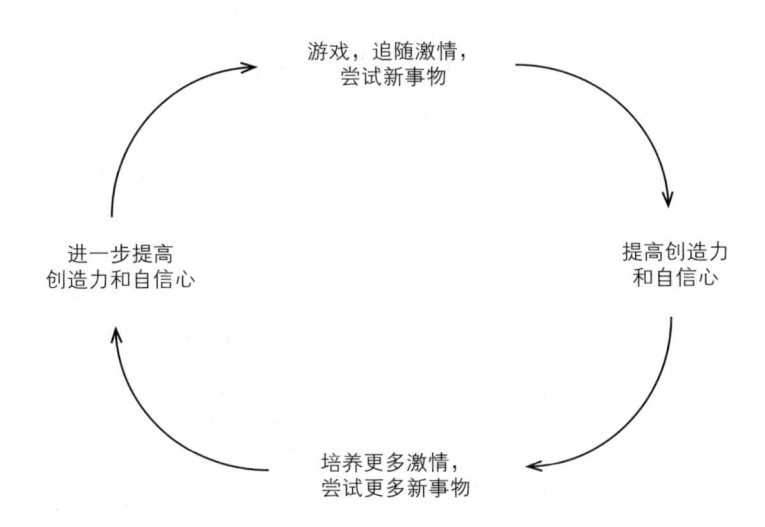

```
        游戏，追随激情，
         尝试新事物
      ↗              ↘
进一步提高              提高创造力
创造力和自信心            和自信心
      ↖              ↙
        培养更多激情，
        尝试更多新事物
```

你可能听说过"心流"的概念，也就是大家常说的"进入状态"：这是一种当你全心投入某件事时的心理状态。你有没有过废寝忘食投入某个项目的经历？那就是处于心流当中！运动员和艺术家

总是想方设法要达到这种状态。当我们处于心流状态时，我们的心率减慢，焦虑减轻，情绪高涨，我们可以自由地发挥自己的创造力。

很多人好像觉得创造力是一种与生俱来的天分，孩子要么有，要么没有。正如我前面提到的，孩子是天生的创造者，这是被编码在他们的基因当中的。但现实情况是，创造力是一种技能，是父母和老师需要帮助我们的孩子去开发的技能。当科技被用来提升创造力时，它可以让孩子另眼看世界、随处获取信息，发掘新爱好、思想和观念。

请记住：

- 每个孩子身上都蕴藏着巨大的创造潜力。
- 没有哪两个孩子具有同样的思维模式和大脑结构，每一个个体都是独一无二的，都是遗传因素和生活体验的结果。
- 主宰你的未来包括理解和表达你那独特的技能、天赋和爱好。
- 血清素是发挥创造力必不可少的神经化学物质，它产生的是安全感、满足感和自信心。它也会提升自尊，增强价值感，有助于消除焦虑。
- 当我们游戏时，当我们追随自己的创造热情做自己喜欢的事情时，当我们与群体建立联系并为他们做出贡献时，当我们锻炼身体并沐浴阳光时，就会激发出我们体内的血清素。
- 儿童和青少年在使用科技产品时，需要我们从六个方面加以引导，来提高创造力。

- 鉴于教育在过去主要集中于内容，我们现在需要的是将更多注意力放在如何创造性思考，如何提出正确的问题，如何以同理心与人相处，如何发挥创造精神，如何解决未曾预料的问题，如何应对现实生活中的压力。
- 要想在这个高度社会化、竞争激烈、科技为本的现代经济社会取得成功，我们的孩子需要用计算机所不具有的东西来充实自己：创造力、批判性思维、合作、沟通和贡献的能力。这些是面向未来所需才智的五大支柱，也就是CQ。
- 说到培养创造力，自由游戏相比组织化的游戏更有效，因为它激发了抽象思维、情绪调节、问题解决和策略制订所需要的神经通路。

解决方案

本章我们了解到孩子是天生的创造者。科技能够使他们拥有更大的梦想,用不同的眼光看世界,随处获得信息,发掘新爱好、思想和观念。在发展个性和个人天分的过程中,他们的大脑会产生神经化学物质——血清素。这种"快乐的化学物质"帮助他们感到自尊、骄傲和满足。接下来,我将给出一些建议,帮助你的孩子发挥他们的天分,寻找他们的爱好。我也会就科技如何用来构建孩子的批判性思维及创造力,如何用来探索、增强和表现孩子的个性为你出谋划策。

关键策略

不要

- 替孩子解决问题或禁止他们去冒险;
- 在孩子游戏的时候,老在他们周围转悠,限制他们的创造力;
- 让他们参加太多有组织的活动;

- 过度奖励孩子，剥夺他们从犯错、失败和创造中获得的内在愉悦；
- 通过过多的安排来消除无聊的时刻。

要
- 鼓励自由玩耍，给孩子留出足够多的空闲时间；
- 学会放手，支持孩子独立解决问题，发挥创造力；
- 让孩子做一些简单的选择，无论是怎么做作业还是晚饭吃什么；
- 跟孩子谈谈创造力。问他们一些诸如"你今天做了什么让你改变了想法的事情？"或"你今天有没有做错什么，但能让你学到东西的事情？"之类的问题；
- 引导孩子去玩不同类型的游戏；
- 保持学习的乐趣，鼓励健康的冒险行为；
- 鼓励孩子大胆提问，经常观察。

避免
- 任何增加成瘾、压力、焦虑、抑郁、倦怠、完美主义和孤独风险的科技产品，因为它们可能会泯灭孩子的个性和热情。

限制和监管
- 孩子玩那些严格组织化的电子游戏，因为这会导致孩子被动地遵循他人的发明或创造。

鼓励
- 孩子使用能够促进创造力、创新力、联结力与控制力的科技。这种类型的科技能够释放血清素，当你的孩子使用科技来进行艺术创作、制图、创建网站、阅读或做数学题时，他们在这些领域会发展得更好。

如何增强游戏心态

那些有游戏心态的人乐于探索做事的新方式,犯错,冒险,并通过反复尝试来学习。所有的动物都是在反复尝试、不断犯错中了解这个世界的。但即使我们做父母的鼓励孩子尝试新事物,我们也常常会传达给他们有关错误和失败的矛盾信号。因此,关键的是要记住:错误和尝试一样重要。能够理解和接受错误,将它视作学习的一个部分的孩子,往往在学校和生活中表现更好。

因此,游戏心态是适应力、控制力、创造力和创新力的基础。孩子们是通过游戏和探索来发展这些能力的。游戏至少有六种类型,每一种都开发着大脑中的不同中枢。所以,当我们定期参与这六种类型的游戏时,就会逐步掌握人类智能的不同区域,也越发接近于充分发挥我们的潜力。同时,我们在爱好和天赋方面也表现出多样性,这使我们能够向彼此学习,被彼此激励。

1. 讲故事的游戏

孩子天生就会讲故事。的确,自狩猎采集时代起,讲故事就一直是人类文化的重要组成部分。讲故事帮助我们理解世界,体会生活当中的教训,并永记不忘。

我们可以引导儿童和青少年使用科技,帮助他们练习和掌握讲故事的艺术。他们经常会接触到在线的故事——无论是简短的广告、视频,还是文章。孩子们可以在科技的帮助下,为他们的故事配上图片、音乐、动画、表格,从而创作出自己的书和电影。你也可以帮助孩子找到分享他们的故事和研究的机会，我们的海豚儿童夏令营最受欢迎的项目之一就是 TEDx 风格的演说营，在这里，孩子们可以就一项爱好进行研究，并通过故事的形式将它呈现给同龄人。

2. 身体活动的游戏

当孩子们活动身体的时候，他们也在活动着头脑。当他们跳跃、跌倒、奔跑、旋转、投掷、接球时，他们的思维也在运转。在打打闹闹的游戏中发生的身体推拉有助于发展我们情感与社会肌体的推拉通路。研究发现，参与这类游戏的孩子——从摔跤到经典的扭扭乐——往往不太可能受到霸凌或去霸凌别人。这一类游戏有助于孩子建立起神经通路来理解进攻的限度，什么时候应该后退，什么时候要坚决防卫，以及如何道歉等。这些都是日后生活中至关重要的社交技能。

引导孩子运用那些能在运动、舞蹈、武术、瑜伽等方面提高他们兴趣和掌握程度的科技。鼓励孩子挑选像任天堂游戏机（Nintendo Wii）这样积极有效的科技产品。在以全新的、不同的方式活动身体的同时，孩子们启动并形成了复杂的神经环路，从而提高了他们的整体 IQ、EQ 和 CQ。

3. 庆祝和仪式游戏

我们可以看到，这种类型的游戏一直在和科技携手而行。像国际妇女节和情人节等节日的庆祝活动通过社交媒体在网上播出，给我们的生活带来更多的联结感和可预见性。想想每到新年网上上演的庆祝和仪式性游戏吧：到处都是有关辞旧迎新、改头换面的充满鼓舞、希望和决心的留言、表情包、视频、语录和图案。这种类型的游戏不仅建立起了个体与团体间的联系，也丰富了社交模式。

我也会在社交媒体动态中玩庆祝和仪式游戏，比如使用"加油星期一""科技星期二""健康星期三"这样的标记，让我所分享的信息保持一种有章可循的感觉。我也会利用感恩日和致敬日，来庆祝某一时刻背后所蕴含的更重要的意义，比如在世界心理健康日提倡自我关爱。鼓励你的孩子在对他们来说重要的时刻和场合使用科技来参与庆祝和仪式游戏。

4. 目标游戏

人类的手与大脑进化的时间大致相同。我们通过使用双手来探索自然环境，从而启动强大的心理过程。通过对目标的操纵——不管是玩泥巴、陶艺、石雕、沙堡，还是游戏机——孩子们正在开发能够激励他们探索、评估他们的安全、使用不同工具的通路。科技可以帮助他们去尝试目标游戏的其他形式。你或许可以鼓励孩子试试机器人、无人机和制作视频等新事物。

5. 教育性游戏

教育性游戏指的是阅读或数学这种特定的通过反复摸索、游戏或纯粹好玩的方式进行的学习。这是一种组织性的游戏类型，因为它通常以学术课程或技能的形式呈现结果。

当你的孩子参与这类游戏时，对他们来说重要的是记住教育的要义：不是为了在考试中打败别人，也不是为了通过获得奖励或赞美的方式填补不安全感，而是为了学习帮助他们走进周围世界的技能，这样他们才能创造、成长，对世界施以积极的影响，并乐在其中。这就是他们去上学、去学习的原因。

能够帮助孩子们学习诸如阅读和数学方面的技能，服务于他们将来走上社会建立自信心的需要，这样的科技通常被认为是健康的，只要它不破坏生活的平衡就好。

6. 充满想象力的游戏

这类游戏是最强大的游戏形式之一。当你的孩子天马行空地畅想时，他们正在建立新的可能性通路。充满想象力的游戏与创造力、同理心和较高的 IQ 密切相关。

我总是要求我的孩子们运用他们所有的感官去想象。那个主意看起来像什么，听起来像什么，感觉起来像什么？每次他们发挥想象力的时候，也就是他们在可能性与生活中的现实性之间建立联系的时候。

我女儿开始上幼儿园之前有些紧张，我注意到她很自然地利用想象游戏来为入园做准备。她假装自己是老师，把她的房间布置得跟教室似的。我能听到，她在给想象中的学生作自我介绍和"讲课"。后来遇到的很多棘手情况她都用这招，屡试不爽——游泳课上第一次潜水、小学转学、在合唱团唱歌。在这样做的过程中，她建立起了新的通路，并将可能性转化为现实。

形象化

随着孩子长大，他们通常会停止玩想象游戏——但他们没必要这样做。可以通过形象化的方式鼓励十几岁的孩子继续玩想象游戏。

形象化是一种有效的减压方式，它能降低皮质醇，促进内啡肽的释放，并通过血清素激发自信心和创造力。它还可以帮助孩子实现具体的、实际的目标。

我们之所以对很多事情感到焦虑，都是基于对未曾经历过事情的不确定和不熟悉。既然我们知道人类的大脑在真实记忆与想象记忆间并不总是加以区分，那么我们就可以帮助孩子在尝试全新的、不同的事物时，使用形象化手段来熟悉他们的大脑活动，并建立起自信来。比如，我儿子恐高，所以我引导他使用形象化来减轻恐惧，为我们计划去玩的高空滑索做准备。

如果你能通过建立某种你可能有成功经验的，在关于视觉、听觉、嗅觉和感觉方面完整、积极的形象化，并由此创造出一个在这种情况下清晰、自信的自我形象，你就可以常常将那种积极"记忆"转变为真实生活中的自信与成功。这种形象化有助于孩子更快地获得新技能。我的孩子就是通过它在打篮球时提高了三分球的命中率。

怎样引导孩子完成形象化练习

1. 请孩子通过几分钟的深呼吸放松身体，放空心灵；
2. 帮他们明确形象化的目标：我要想象自己在公众面前成功

发表演讲;

3. 帮助孩子尽可能真实地营造场景。请他们调动所有感官去构建一个真实场景——一个会在他们脑海中栩栩如生的"记忆":"想象自己站在观众面前,感受打在脸上的灯光和握在手中的麦克风。"

4. 让孩子们通过想象过去或未来的快乐、感激、爱和骄傲的时刻来唤起积极的情绪,允许多巴胺、内啡肽、催产素和血清素的释放来巩固通路。你还可以将孩子正在形象化的场景进行扩展,你可以说,"现在想象一下你演讲时身体的感受,你会多么激动和开心呀。你已经花了好几周写稿子、试讲,所以现在站在这里和观众一起分享对你来说是件轻松的事情。看看台下的观众,他们听得多投入,你的演讲对他们多么有用。享受这一刻,为你的成就感到自豪吧。你努力过,所以你做到了。"这种扩展,细节越生动,就越能减轻焦虑,与行动建立积极感受的效果就越好。

5. 不断重复以达到最佳效果!

保持有乐趣地学习

在我们批评孩子把东西搞得一团乱时,在不断通过成绩单和标准化考试对孩子进行评估时,我们使孩子知道了学习不是玩。相反,我们将积极正面的情感如好奇、自豪和快乐等带入一项任务当中,就能与多巴胺、血清素和很多其他有效的神经化学物质联结起来，比如这项任务是社交行为的话，就会将催产素也包括在内。由于 21 世纪对人的要求是活到老，学到老，如果我们想让孩子自我激励，就必须用乐趣和积极的情感来激发和引导他们学习。

培养学习的乐趣感可以帮助孩子在日常生活中保持专注和内在动力。这肯定会体现在他们生活的方方面面，也会帮助他们保持好奇心，对那些塑造他们未来的科技积极投入，不断学习。

值得庆幸的是，许多使学习变得有趣的练习正是孩子们爱做的。它们是游戏的一部分，这意味着我们不需要经过专门的训练就能做到。我把它们称作"CQ 的开发者"，因为它们促进的是 CQ 发展的五大支柱：创造力、批判性思维、沟通、合作和贡献。以下是我最喜欢的几种练习。

鼓励提问和观察

问问题和观察世界是孩子们发自天然、熟门熟路的事情：天空为什么是蓝的？太阳为什么东升西落？你们为什么要上班？人为什么一定会死？为什么，为什么，为什么……对什么东西都爱打破砂锅问到底的孩子，他们酷爱批判性思维，喜欢挑战现状，突破界限。

因此从孩子很小的时候，父母就要有意识地去培养他们的好奇心。尽管你可能很想停止他们那无休止的提问，但问问题锻炼了孩子重要的批判性思维能力，这可是他们长大后受用不尽的东西。试着通过孩子的眼睛去看世界，给他们以充满热情和积极的回应——即使你那天已经被问了上百次"为什么"。

当你的孩子慢慢长大，开始探索网络世界时，你就要引导他们观察和质疑他们在网络上看到的东西。那个视频、表情包或图片是什么意思？科技如何能用来表达想法或观点？这不但能培养孩子的批判性思维和创造力，还能增强他们做出正确判断和快速决策的能力，确保他们的安全。由于经历过儿时父母对他们好奇心的始终如一的兴趣，孩子就会建立起神经通路，他们知道关于网络世界的任何问题都可以到你这里来寻求帮助。但如同所有的习惯一样，他们得连续使用相关联的通路，所以当父母的，要记得去问孩子问题，同时也提醒他们来找你。

在你插手之前，让孩子先试试

有时候在给孩子建议或指导之前，让他们先自己尝试是有好处的。给他们鼓励，告诉他们方法无所谓对错，所以尽管用他们自己的方法去尝试！这种对世界的开放式探索会让大脑形成轻松应对不确定性、抽象思维、问题解决和实践学习的神经通路。

举个例子，如果你孩子的科技产品使用出现失衡，鼓励他们进行头脑风暴，尝试各种想法来纠正这种失衡。一旦他们做到了，你也可以参与进来，和他们一起对各种想法进行评估，看看哪些方法能帮助他们走向进一步的成功。然后再让他们去试——重复这个过程，直到他们能凭自己的力量解决问题为止。由于孩子在科技使用、技巧和工具方面的知识十分丰富，他们能想出什么点子，还真的可能会让你惊讶。比如，当我提醒 9 岁的女儿，她的目标是减少看不用动脑子的 YouTube 上的视频，而选择更有创意的平台时，她立马就想出了四个很棒的程序，能帮助她创作自己的电影、音乐视频、墙面马赛克和唇彩!

　　这种观念对树立健康的学习习惯也很重要。我儿子曾经在自己动手之前,总是想求助于他人。我跟他说,做家庭作业可不只是遵循指令,也不只是得到一个对或错的答案,它也是一个发现你掌握了什么以及你还需要学习什么的过程。

　　因此,我们应该为孩子分解任务,而不是直接给他们提供答案。假设你的孩子为一项特别的家庭作业头疼了很久,不得其法。这时你不应该告诉她怎么去做,而是应该询问她,问题卡在哪儿,为什么会这样。然后鼓励她把问题分解成一个个小步骤。可以给她一点提示或小小的建议。当她在解决问题的过程中取得进展时,你可以说:"你已经很接近了",或者如果她又被卡住的话,可以说:"我可以帮你解决这个部分。"这种方法可以帮助孩子启动他们的批判性思维、适应能力和创新路径,使孩子从追随者变为领导者。

鼓励健康的冒险

　　引导你的孩子保持好奇心、敢于尝试新事物、勇于冒险。但使用新科技时要做好预防措施。告诉孩子,在网上尝试新东西时要小心。通过博客或设计网站尝试一种新的写作方式可能没有问题,但如果上传了一些你之后会觉得难堪的内容,比如非常私人的故事或聚会的照片,那就不明智了。

　　对于那些已经是"冒险分子"的青少年,我就不推荐将使用科技作为冒险的平台,因为有一些东西他们之后可能会后悔,但已经成为永久性记录,无法摆脱。相反,可以鼓励他们尝试一种新的运动、爱好或艺术形式，比如去上戏剧或即兴表演课。他们也可以通过去游乐场或看恐怖电影来冒险。

有关网络冒险的"要"和"不要"

要

- 遵循黄金法则：在网络世界中，你希望别人怎样对待你，你就怎样对待别人。
- 写东西或发布任何东西之前，三思而后行。网络上没有真正的删除这回事儿，你所写或发布的内容很容易传播或者被添油加醋地修改。
- 和孩子一起确定他们社交媒体账号的隐私设置。告诉他们，如何限制别人看他们的帖子、照片和信息，并解释为什么要这样做。
- 提醒孩子，如果有任何担心或疑虑，就来找你聊聊。你总会出于爱而回应，绝没有要惩罚他们的想法。

不要

- 在网络上分享个人信息，包括网络密码。
- 回复陌生人的邮件、短信或消息。
- 开启位置共享。
- 点击链接，打开附件，或接受陌生人的礼物。
- 同意和你在网上认识的人见面。
- 用假出生日期来获得使用应用程序的机会。美国《儿童网络隐私保护法》禁止网络公司对13岁以下用户收集个人数据，并禁止出于营销目的对数据加以使用的行为。

一定要记得休息！

你是否听过那则著名的故事，古希腊数学家阿基米德有一次正在澡堂一边泡澡，一边苦思冥想一道难题。突然间他发现，他的身体没入水中越多，溢出来的水就越多。阿基米德一下子茅塞顿开，他意识到自己找到了苦苦追寻的答案，他从浴缸里跳出来，光着身子一边往家跑，一边喊着"我找到了！我找到了！"他所发现的，正是通过排水量来测量体积的方法。

历史上有很多这样的时刻。牛顿在树下乘凉的时候，被一只掉落的苹果击中，从而发现了地心引力。爱因斯坦在和好朋友闲谈时，产生了他的相对论的一个重要见解。

加州大学圣塔芭芭拉分校（University of California at Santa Barbara）脑科学教授乔纳森·斯库勒（Jonathan Schooler）进行的一项研究强调，这些灵光一现只会发生在我们的大脑漫无目的想东想西的时候，换句话说，我们的大脑需要天马行空的自由时间，才能建立起意想不到的神经元连接。

我告诉我的孩子们，想象一下，如果在那决定性的一天，阿基米德把泡澡时间全用来刷 Instagram 上的信息了，结果会怎样呢？

08

直觉

给你的家庭一份健康的
科技产品使用套餐

告诉我你吃了什么,我就能了解你是个什么样的人。

——安泰尔姆·布里亚-萨瓦兰(Anthelme Briliat-Savarin)

我的妈妈，吉安，已经82岁了。她一辈子除了养育五个孩子，几十年来还当过厨师、清洁工和工厂工人。她在旁遮普的一个小村庄长大，家里有八个兄弟姐妹。尽管我妈妈聪明机敏，但送她去上学已超过了她父母的能力。妈妈一辈子受了不少苦，她却始终保持着一份优雅、希望和感恩。她坚信宇宙自有定数，一切都会水到渠成。在她的锡克教信仰中有三个至关重要的信念：你要努力工作，与教会成员团结互助，你要坚信精神的修养，尤其在困难时期。

礼拜天做完祈祷，我们会帮助妈妈为教会做午餐，事后再进行打扫。即使我第二天面临交作业、要考试的压力，妈妈也不会免除我的任务。她总是把"我的教会需要我"挂在嘴边。这不仅让我意识到自己的行为很重要，也让我明白什么是更大的善。贡献和信任是我们家的核心价值观。我记得有一次数学考试很难，我得了95分，兴高采烈地冲回家告诉妈妈时，她说："考得不错。但你今天做了什么事，帮助了什么人没有？"她总是让我明白，生命中有比考试成绩或物质上的成功更重要的事情。

我们的生活并不富有，但即使在只能勉强过活的时候，父母也以行动向我们表明，未来我们会有足够的东西可以分享。有一次，我爸爸还在开出租车的时候，他在机场遇到一位新来的移民。这人没地方可去，爸爸就邀请他来我们家住，一住就是两年。父母教导我们，当有苦难时，因为我们一起承担，人与人之间最牢固的纽带才能得以存续。有意义的人生是建立在善意、同情、信任和团结的基础上的。

在我们成长的路上，妈妈从不为如何正确养育孩子而烦恼（事实上，她觉得育儿专家所说的那一套都是胡说八道）。她是一个脚踏实地的女人，她凭常识来指导自己的行动。她对我们期望很高，但希望我们能出于自己的意愿去从事工作并取得成功。她对我们有原则和要求，但从不事无巨细地管我们。她希望我们在学校要努力学习，但很少检查我们是否完成了作业。一句话，她是一位真正的海豚型母亲。

海豚型父母为孩子提供一个传递信任信息的环境：失败和笨拙都不是什么问题。这就是我们学习的最佳方式——反复摸索。当孩子还小的时候，海豚父母会拉他们一把，帮他们收拾残局。海豚型父母鼓励孩子独立。随着孩子慢慢长大，父母会引导他们学会自己爬起来，自己收拾烂摊子。海豚型父母看重的是自我关爱、联结、适应力、团体和自我激励。

我的妈妈是凭直觉来育儿的，靠的是大自然赋予的知识。她凭直觉知道，信任、乐观、贡献和平衡的生活方式是健康生活的关键。要想在今天这个高度互联、充满压力的世界里茁壮成长，我觉得我

08 直觉 给你的家庭一份健康的科技产品使用套餐

们要比以往更应记住这些朴素的真理。当然，我的意思并不是说，育儿是一个被动的过程。给孩子买个手机或笔记本电脑，指望他们能自己搞明白，放任他们去使用科技产品，这是不行的。养育孩子的重任包括不断地引导孩子，使他们成为更好的自己。

本章中，我将为你提供一种简单明了的育儿模式，这有助于引导你的孩子做出更好的数字化决策。到现在为止，你明白了当孩子使用科技产品时，他们的大脑中发生着什么，科技在现在以及未来如何影响着他们。你明白了科技公司如何利用人体生物学，使孩子痴迷于他们的产品。但你也知道了健康的科技可以帮助孩子建立联系、发挥创造力并茁壮成长。

在进入我的六周六步计划来重新平衡你家里的科技产品使用之前，让我们先回到使用直觉来帮助你做出决策的理念上来。

直觉的妙处

想想上次你独自在厨房或电视机前面对着垃圾食品大快朵颐的情景。一开始冲向那些饼干时，你可能觉得一阵激动。那种感觉是由多巴胺引起的。当饼干下肚后，你感觉怎么样？是不是还想要更多？但我打赌，你也会有点生气，对自己感到懊恼，甚至还有点恶心。那种感觉是由多巴胺和皮质醇共同作用引起的。现在，再想想上次你和家人一起做了或吃了一顿健康的晚餐。吃完后，你觉得愧疚或懊恼吗？很可能不会吧。事实上，我打赌这顿饭让你感到满足，和最亲近的人更心心相印了，或许更有动力去处理手边的任务了。

这些良好的感觉是由内啡肽、催产素和血清素的释放引起的。

不管我们选择听还是不听，我们的身体总是在和我们交流。当你喝下第三杯酒，手脚开始不利索，口齿不清的时候，你的身体在告诉你，别再喝了。当你吃下第二块巧克力蛋糕，开始觉得恶心的时候，你的身体在告诉你，赶紧刹车。

现实就是，你不需要求助于书本或专家来解释这一切。如果你放松下来，进入沉思状态，你就会明白你的身体在向你传达什么。这就是直觉。然而，如果你感到压力很大，触发了你的"惊呆、战斗或逃跑"反应，那你所感受到的就只有焦虑、易怒和烦躁。你就听不到身体在向你传达些什么。你体内充斥的都是混杂不清的噪音，你左冲右突，无所适从。你在生存模式的驱动下，对你的世界做出反应，而不是从直觉上与它互动。

对我来说，直觉是常识的同义词，我在前几章探讨过，它是基于神经化学系统和神经可塑性的人类共享的知识。只有当我们放松的时候，我们才能最接近我们从直觉上对某个形势的感觉。答案和对策才会清晰起来。

消费科技产品的体验和吃饭没什么两样，引发的是相似的生理反应。有些类型的科技能够滋养孩子的心智和身体，但另一些则让孩子们感觉糟糕，特别是在他们过度沉迷的时候。通过关注孩子使用科技产品的体验，并且鼓励他们养成健康的习惯，他们就可以开始培养自己有关科技消费的直觉，并最终学会如何自我调控。

什么是健康的科技产品使用套餐

教育是学会自我调控的另一个重要组成部分。健康的科技产品使用套餐涉及在自我调控方面教育你的孩子，教他们看待科技就像看待他们吃的食物一样。毕竟，科技与食物在影响孩子的身体与心智上，方式是相似的。就像我们教孩子远离有毒食物，限制零食，注重健康食物一样，我们也必须教孩子远离有毒科技，限制垃圾科技，并将健康科技作为均衡生活的一部分。就像野生鲑鱼、坚果和浆果这样的健脑食物能帮助大脑在更高水平上发挥作用，"健脑科技"也能达到同样的效果。

这种类型的教育——基于一种熟悉的模式，早早地开始教育，随着时间推移而建立起来的——可能会伴随孩子的一生。通过将科技与食物对比来教导孩子，你也会将科技消费提升到与健康饮食同样重要的位置。

但我们也知道，如同对食物不能总是简单加以分类一样——比如，格兰诺拉能量棒看起来可能很健康，但往往是经过特殊加工处理的，含糖量很高——这一点对科技也是适用的。这就是为什么接下来的"科技解决方案"并没有将科技分为好与坏，而是考虑了它适用的背景、它释放的神经化学物质，以及它给孩子带来的感受。比如说，深更半夜使用科技产品，占用了睡眠时间，那它肯定是不健康的；借助科技产品来逃避压力或焦虑，那它也是不好的。和你的孩子聊聊这些事，可以帮助他们理解，科技产品的使用是如何影响他们的情绪和行为的，这有助于孩子做出正确的选择。

事实上，这种类型的"神经教育"为我们更深入地洞察各种人类体验打开了一扇门。你的孩子将开始懂得，他们的感受、情绪和行为不仅受到他们吃什么食物、用什么科技的影响，还受到他们所建立的关系和他们选择如何消磨时间的影响。

1. 健康科技

健康科技包括各种网站、应用程序和平台，它们能引起孩子的大脑释放多巴胺、催产素或血清素。换句话说，健康的科技会引领孩子走向所谓的 3C:（自我）关爱、联结和创造（self-care, connection, creation）。在健康科技的助力下，你可以灵活变通，让孩子享受在网上探索世界的乐趣，只要他们的上网时间与其他健康的生活习惯相平衡就好。我鼓励孩子将他们的科技使用时间来自我关爱、联系他人或激发创造力。请告诉你的孩子，这就像吃健康的水果、蔬菜和蛋白质一样。

因此，让我们回顾一下自我关爱、联结和创造力的关键因素吧：

内啡肽是身体的天然止痛药，也是一种使人心情愉悦的神经化学物质。使用科技促进自我关爱的形式如正念、感恩和有氧训练，会刺激内啡肽系统。

催产素在我们与他人建立起富有意义的联系和纽带时，让内心感到温暖和舒适。能够引起催产素释放的科技包括与家人和朋友的视频聊天、积极的社交媒体、团体共建行为（如网上宣传或募捐）。由使用这些类型的技术所引发的催产素释放通常来说是健康的。但也有例外，比如营销人员和不良行为者通过操纵信任来达到推销意图和鼓动消费的目的。因此，重要的是，不要假定网络上所形成的纽带和信任感都是健康的，教孩子对网络上的操纵策略保持警惕，敢于批判。

血清素——产生创造力、幸福感和自信心的神经化学物质——当我们使用能让我们在感兴趣的领域创造、创新并发展精通的技术时，它就会释放出来。比如，当你的孩子使用科技去创造艺术、图形和网站，或学习阅读、做数学题时，他们就在发展对这些技能和艺术形式更熟练地掌握程度。还有一些能培育创造性思维、独立解决问题能力和领导力的网上活动，参与其中也同样是健康的。

"健康科技"如何影响孩子的大脑？
作者视频为你揭秘
扫码即可免费收看

2. 垃圾科技

多巴胺——有关奖赏的神经化学物质——激励人类去狩猎、采集，在短时期内建立起联系。多巴胺的释放可以是积极的，前提是那些行为能保持平衡，并且激活体内催产素、血清素和内啡肽系统。我们通过（自我）关爱、建立联系和发挥创造力，即我之前提到的3C来达到这一点。但多巴胺很像糖，我们需要它来维持生存，但分泌太多又会导致上瘾和其他伤害。

垃圾科技的例子包括通过保持Snapchat上的记录或在社交媒体上浏览、点赞，进行肤浅的社交（或联系）。玩电子游戏，如"光

245

环"（Halo）（狩猎类）或"糖果传奇"（Candy Crush Saga）（采集类）都会释放多巴胺，特别是孩子自己玩的时候。使用这种科技与吃薯条或糖果没什么两样。多巴胺当然会从竞争、采集或感知社交中释放，但由于缺少更有意义的活动，孩子在放下游戏机或平板电脑后体验到多巴胺消退的感觉，这使他们想要回到游戏中，再次感受多巴胺的刺激。这会建立起一种反馈回路，其中的垃圾科技会变成有毒的、致瘾的或产生压力的科技。然而，如果父母和孩子一起，使孩子理解垃圾科技在短期和长期内如何作用于他们的感觉，这会在帮助孩子自我调控、做出积极选择和建立健康习惯方面，起到非常有益的作用。

我看待垃圾科技和我对待享受的方式是一样的。维持在一个最小限度，它就不会伤害到你的孩子。比如，在周五，我可能会让孩子们晚餐吃比萨，之后再吃点薯条或冰激凌。我女儿可以在YouTube上看一个小时她最喜欢的节目，我儿子可以和他的表兄弟们玩 NBA Live 或 FIFA 游戏。但如果他们一整周都在吃这些或玩这些，那会对健康造成十分严重的影响。

因此，就像太多糖会对身体有害一样，垃圾科技也会在两种情况下成为有毒科技：

- 当对它的使用失去控制，上瘾的习惯已经形成时。在这种情况下，任何科技的使用都是有害的。它需要加强管理和/或对待。
- 当对它的使用剥夺了 3C（自我关爱、联系和创造力）时间时。即使你的孩子并没有对电子游戏或社交媒体上瘾，但如果他们花在这上面的时间影响到了 3C 时间，那么对这种科技的使用就成了有毒的了。

既然完全避免垃圾科技是不现实的，因此需要父母对孩子的电子游戏和社交媒体使用时间进行讨论、限制和监管，直到孩子能够对此进行自我控制。这与对待垃圾食品是一个道理，你带回家的越少，让孩子接触得越少，效果就越好。

"垃圾科技"如何影响孩子的大脑？
作者视频为你揭秘
扫码即可免费收看

3. 有毒科技

皮质醇是有关压力的神经化学物质，有毒科技指的是任何能引起皮质醇释放的科技使用，是我们这个睡眠不足、过度忙碌、心神不宁、孤独日增的社会的一个标志。皮质醇迫使你的孩子从社交中退缩，打乱他们的睡眠和食欲等生物节律，并模糊他们的思维。任何造成皮质醇释放的科技都是有毒的。孩子应该尽全力彻底避免它。

有毒科技包括网络霸凌、在线社交冲突，还有会导致社交控和攀比心的社交媒体等。记住，一心多用——不断地在 Twitter、Snapchat、Instagram、BuzzFeed、播客应用程序、聊天网站等媒体之间切换——也是有毒的。我们必须要教给孩子，当科技不是出于提高生产力和效率的目的而被有意识地加以应用的话，我们所投入的就是持续性的注意力，这可是个坏习惯。它不仅带来压力，而且对

屏幕时代，重塑孩子的自控力

那些我们学习和完成目标所需要的反思、沉思和专注力，它也没有任何帮助。

在引导孩子消除和避免有毒科技这件事上，父母一定要立场坚定。我尽量不买、也不让我的孩子使用这类科技：我们屏蔽了所有潜在的赌博与色情网站，对我的大孩子，我常常要检查并与他们讨论社交控、网上攀比和无意识状态下一心多用的毒性。

记住，即使是在对健康科技的使用上，如果它导致长期缺乏与他人的眼神交流、睡眠不足、久坐、姿势问题或孤独的话，也会触发压力反应。科技使用应该总是要为健康、平衡的生活提供方便，或者至少不能干扰这种生活的基本要素——促进催产素（当孩子与他人建立有意义的联系时）、内啡肽（当孩子练习自我关爱时）和血清素（当孩子从事创造性追求时）释放的活动。

"有毒科技"如何影响孩子的大脑？
作者视频为你揭秘
扫码即可免费收看

开发健康的科技产品使用套餐

在接下来的几页里，我将列出一张方便好用的参考图表，帮助你对科技使用的不同类型进行区分。（但请记住：用你的直觉去判断，是否有些在适度使用下健康或好玩的科技已经变成了具有不良影响的垃圾科技或有毒科技。）

主要神经化学物质	避免有毒科技	限制和监管垃圾科技	适度使用下享受健康科技
多巴胺	• 赌博 • 色情 • 成瘾性使用 • 电子游戏 • 社交媒体 • 购物	• 带有劝诱性质的电子游戏 • 毫无目的的无脑科技，比如滚屏 • 肤浅的社交媒体，比如 Snapchat 上的记录、收集点赞等	
皮质醇	科技使用导致的: • 社交性攀比 • 社交控 • 社会冲突 • 网络霸凌 • 一心多用 • 睡眠不足 • 缺少眼神交流 • 孤独 • 久坐 • 不良姿势		
内啡肽			只要和现实生活中的活动保持平衡，能带来自我关爱的科技使用，包括: • 运动 • 正念/冥想 • 感恩 • 睡眠
催产素	操纵并利用孩子的信任和亲密关系的科技，比如: • 损友 • 剥削者 • 骗子 • 政治极端分子		只要和现实生活中的活动保持平衡，能带来社会联系的科技使用: • 与亲人视频聊天 • 积极的社交媒体聊天 • 社团建设 • 宣传筹款
血清素			只要和现实生活中的活动保持平衡，能带来创造力和自信心的科技使用: • 教育网站，如"学习阅读"或数学网站 • 基于艺术的行为，包括画画、网站建设、iMovie、平面设计等 • 编写和开发电子游戏、应用程序，等等 • 信息网络研讨会、网络课程等

把上述内容汇总起来，就会得到一份健康的科技套餐，如下图所示：

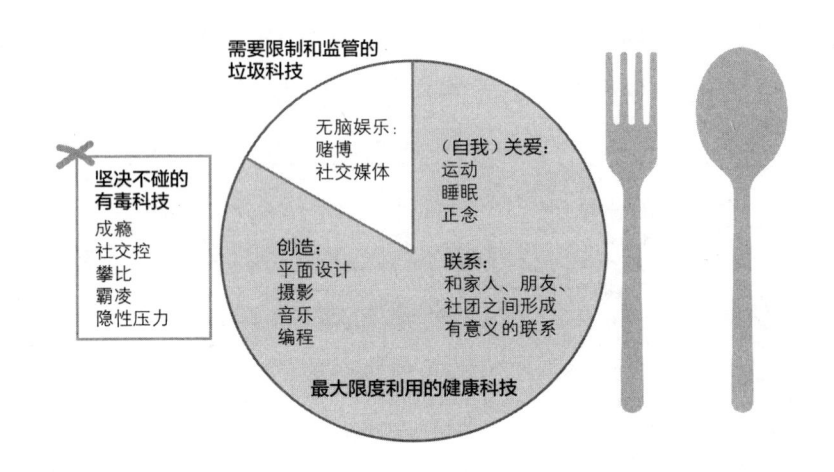

```
坚决不碰的          需要限制和监管的
有毒科技            垃圾科技
成瘾                无脑娱乐：
社交控                赌博
攀比                  社交媒体
霸凌                              （自我）关爱：
隐性压力                            运动
                                    睡眠
                   创造：            正念
                   平面设计
                   摄影            联系：
                   音乐            和家人、朋友、
                   编程            社团之间形成
                                    有意义的联系
             最大限度利用的健康科技
```

以健康的科技套餐为目的的育儿

父母引导孩子健康使用科技的最好方法是像海豚父母一样行事，既坚定又灵活。即使是健康科技——垃圾科技更不用说！——我们也需要警惕孩子的使用分量，防止过度使用，尤其是那些容易放纵的孩子要特别注意。父母要帮助孩子学会"倾听肚子的声音"，鼓励他们去思考科技消费给他们带来的感受。通过这种方式，孩子们会懂得，什么时候该关掉屏幕。记住，我们做父母的，才是控制供应链的人——我们决定了孩子沉迷于什么，以及什么时候沉迷。

当然，失误是免不了的。你会发现，像对待孩子的饮食一样，你也需要对他们的科技产品使用进行调整。如果我的孩子想在一周

内多玩一会儿电子游戏或看电视，他们就得来问我，就像他们想要额外的甜点，也得征求我的同意一样。相信我，他们也有不征求意见的时候！如果他们被抓了现行，我们就得跟他们谈谈。有时我会没收他们的电子游戏机，或取消他们看电视的权利。有时会把游戏机主机或 iPad 放在我的卧室里保管。我们在家里不也是这样对待垃圾食品的吗？

就像我们建议父母，要尽可能地延迟婴儿吃垃圾食品、青少年喝酒的时间，对待垃圾科技也是如此。如果你 16 岁的女儿不喝酒，就不要给她啤酒。不要将它正常化。如果你 6 岁的儿子没有央求你允许他上网，就不要给他玩 iPad。不要急，慢慢来。要记住，没有任何证据支持孩子在小时候就使用科技产品。现实生活里，你会限制孩子甜食的摄入，那么你也要和孩子谈谈有关限制科技使用的问题。尽管如此，父母也要明白，遇到假期或其他特殊情况，还是需要一些灵活性的。如果你带着 5 岁的儿子坐飞机，让他玩玩 iPad、额外给他一块曲奇饼干，或者两者都做，也不是什么大不了的事。

科技解决方案：
六周六步计划

出于为你和你的家人设定一份健康的科技套餐的目的，我开发了这项结构化的方案。没错，我说的是你和你的家人！我们都知道，通过团队作战，改变效果最好。它不会只挑出某一个"问题"个人，团队成员之间会互相支持和鼓励。

这项计划包括了我在近20年研究、教学及临床实践应用中得到的基于证据的几个步骤。它们是以动机性访谈、认知行为疗法和常识为科学依据的。我在数不清的儿童、青少年及成人——他们中有些有十分严重的网瘾——身上就这些步骤进行了尝试、测试及合理安排。这几步看起来简单，但请记住，简单并不总是容易的。就像所有成功的父母所做的那样，它需要你的持续关注，但我保证，当你坚持将这个过程运用于你所使用的科技上时，你会看到变化的。对有些人来说，变化来得很快，对另一些人来说，变化则需要时间。请尽你所能理解孩子，与他们肩并肩走好每一步。

改变的阶段

"改变是个过程",这句格言蕴含着很多道理。早在20世纪80年代早期,心理学教授詹姆斯·普罗查斯卡(James Prochaska)与卡罗·迪克莱门特(Carlo DiClemente)便开发了有关行为改变的阶段变化模型,自那以后,这个模型就成为理解人从哪里来、如何建立健康生活方式的关键。我们在这里将其作为一个基本框架,来描述当你改变你的科技产品使用套餐时,你的家庭将会经历的五个阶段。

了解你和你的家庭面临的问题,洞察每个家庭成员的心态,不管他们处于改变行为过程的哪一个阶段,这都有助于你支持他们完成这个计划,保证他们在达成目标的路上前行。有些家庭可能不到六周就能完成这六步,而对另一些家庭来说,完成某些步骤可能需要超过一周的时间,但这没关系——重要的是循序渐进,一次做一步,持续引导孩子向下一步迈进。记住一定要有耐心,并与孩子的感受保持节奏上的一致。不管是你儿子一周没有玩电子游戏,还是青春期的女儿对社交媒体的态度变得更加理性,对这些你注意到的小改变要及时予以赞美,不要等到终点了才去表示肯定。

当你为你的家庭准备这六周的挑战时,在开始之前请先考虑一下你自己、与你共同抚养孩子的队友以及孩子分别处于什么阶段。这将有助于你为他们提供适当的支持,因为是你来引导家人形成与科技之间更健康的关系。

阶段变化模型图示

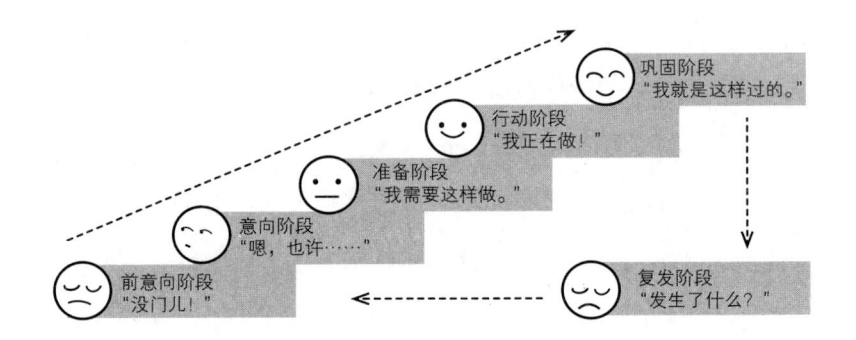

```
                                            巩固阶段
                                            "我就是这样过的。"
                                行动阶段
                                "我正在做！"
                    准备阶段
                    "我需要这样做。"
         意向阶段
         "嗯，也许……"
前意向阶段                                    复发阶段
"没门儿！"                                    "发生了什么？"
```

如果你回想一下曾经做出改变的某个时刻——也许是你戒烟，也许是你培养骑车上班的习惯——那么这些阶段可能对你来说就相当熟悉了。

比如你可以想一下，在你真正采取行动之前，你对做出改变这件事情考虑了多长时间。如果你曾经坐下来和你的家人谈论过有关家庭作业或家务的问题，说明你可能已经处于行动阶段了。那么当你们一起讨论有关屏幕使用时间和改变家庭科技产品使用套餐的问题时，情况也是如此。你已经读过了这本书，权衡了做出改变的利与弊，也有了一个计划（就是你现在正在读的）作为装备。但你家庭的其他成员可能还处于前意向阶段或意向阶段。

作为父母，你的任务是要知道家人们处于哪个阶段，然后引导他们走向改变。这也正是科技解决方案的宗旨所在。

在开始之前，让我们先设想有一个青春期女孩子想要减少社交媒体的使用时间。它的步骤可能会是这样的：

08 直觉 给你的家庭一份健康的科技产品使用套餐

处于前意向阶段时,她可能会想,健康科技?不可能,这可不是我的菜。我爱Instagram,我可不能没有Snapchat。

然后就到了意向阶段:我好想上Instagram去看看网上发生了些什么,但是我得做作业,否则我考试可能得完蛋……

过了一阵,开始进入准备阶段,这通常是基于新的信息:上次的作业我没通过,如果我不好好做作业,我那门课可能要不及格了。我真的需要把在网上浪费的时间给补回来。

下一步就到了行动和巩固阶段,这有可能以一个月不碰社交媒体、按时提交作业的形式表现出来。

但接着她可能会碰到障碍——不管是糟糕的成绩,还是感到自己错失了表情包、笑话,还有朋友圈的聊天等——啊噢,一下子就进入了复发阶段:反正我也考不过。我需要休息。我得发泄一下。然后她又回到了社交媒体当中。

理想的结果是到达这样一个状态,即你们全家能够安逸地处于巩固阶段。但是,复发是阶段变化模型的一部分,你会发现不管是你还是你的孩子,在改变家庭科技产品使用套餐的过程中,都会遭遇不止一次地复发,这是完全正常的。

然而,当复发发生时,重要的是要知道,你或你的孩子可能会在不同的地方重新进入改变过程。你可能会发现,你的复发期很短,能很快为再次行动作好准备,但你的孩子可能需要一段时间才能重新考虑他们的目标。你需要密切关注,细心倾听,通过这种方式来给予孩子支持,直到他们能够相对稳定地维持他们的理想行为,并能长期处于巩固阶段为止。这会让旧的习惯与神经通路进行一次完全的重组，最终引起转化和长期性的改变。

第一周：创建动机

一说到科技产品的使用，很多孩子都还处于前意向阶段。他们不认为有任何理由去改变他们的科技使用习惯，甚至否认他们的科技使用存在问题。这一步的目标就是让你的家人开始认真思考，科技在他们的生活中施加了什么样的影响。用以下方式使他们思考自己的科技使用问题：

- 就屏幕使用时间与他们进行开放式的交谈，这有助于你了解他们对生活中的科技的喜好。
- 确认他们不想减少游戏时间或花在社交媒体上的时间。
- 引入健康科技产品使用套餐的理念。为他们解释，他们的科技使用体验是如何刺激大脑释放神经化学物质的，这又会怎样影响他们的行为和感觉。
- 鼓励他们对目前的科技产品使用套餐进行评估。讨论减少科技产品使用的利与弊，在这个过程中，你要尽量做到动之以情，而不是居高临下地评判。
- 问问他们是否考虑改变。
- 以身作则，减少你自己的科技使用时间。
- 阐明你对家庭科技使用进行重置的意图。

08 直觉 给你的家庭一份健康的科技产品使用套餐

一旦你们进行了这些谈话，就到了对你的家庭想要改变科技使用习惯的原因进行评估的时候。记住，你的孩子是独立的个体，你越是伸出援手，倾听他们有关科技使用的问题，你就越有能力支持他们独特的需要。你们每个人都要清楚，自己目前在使用的科技有多少，你想要缩减使用的有多少。你对自己的科技使用情况越公开诚实，你的孩子也就可能越坦率。有了这样的清晰度，无论任何时候动机有所动摇，你都能找到返航的路。

运用下面的动机评估表可以帮助你和孩子探索改善你们科技套餐的原因。我们做改变时往往情感复杂，这是很正常的。与孩子一起探讨科技的利与弊是一个好办法，它能使孩子思考和谈论他们与科技打交道的方式。

比如，你可以问问你儿子他为什么喜欢玩电子游戏。他可能会告诉你，电子游戏能帮他解决问题，建立协调能力。然后你再问问他玩游戏的坏处，我打赌你一定会对他的回答大吃一惊。这是走向真正了解你孩子想法的第一步，只有通过这种理解，我们才能更有效地引导孩子走向改变。

我建议你和你的家人在第一次坐下来谈论科技使用的时候，就使用这张表格。你要让他们知道，你们会在第一周结束时一起填满这张表格。关于如何填表，为了给你们一个参考，我根据我自己家的情况完成了下面这张。

动机评估表格

考虑一下你家目前的科技使用情况。什么是好的？什么是不好的？不要简单地列举你的家人正在使用的科技产品，而是要明确列出每种产品具体的好处和坏处。

身体健康

好处：

· 音乐能使我们动起来，并充满乐趣，特别是在我们举办厨房舞会的时候。

· 妈妈在 YouTube 上看瑜伽视频，贾埃弗跟随 YouTube 上的循环训练，吉尔每天使用她的运动手环，爸爸运动时统计步数和心率——所以，科技有助于引导和鼓励我们多运动。

· 在准备比赛期间，教练会发比赛视频给乔希和贾埃弗看，确保他们了解团队策略。

坏处：

· 我们坐的时间太长了！玩电子游戏、看电视、使用手机和电脑会导致不良姿势、颈/背疼痛、久坐等。它也经常导致我们吃更多垃圾食品。

· 妈妈和乔希是夜猫子，晚上他们坐在屏幕前做家庭作业、工作或娱乐时，常常忘了时间。这会影响他们的睡眠，使他们一大早就脾气暴躁，一天都无精打采。

心理健康

好处：

· 我们都使用 iTunes 或 Spark 应用程序上的引导性冥想内容。

乔希和贾埃弗有时也会用 Muse 设备来进行冥想。

· 父母会挑选有关塑造品格的电影一起看，我们会围绕这些电影所塑造的正直、团体和韧性等进行家庭讨论。

· 为了家人能一起开怀大笑。有时我们会一起看喜剧电影或深夜电视中的短剧，如《莉莉·辛格晚间秀》。

坏处：

· 在新闻网站和社交媒体上获悉世界上发生的不好的事情，会让人感到压力。

· 我们有些人绝对有"社交控"（FOMO），特别是看到朋友们在网上玩得很嗨的时候。下雨天当我们看到那些沐浴在阳光下的人们时，就更对我们置身雨季感到不爽。我们尽量不把自己的生活和那些我们在网上看到的别人的精彩生活做比较。虽然知道那是加了滤镜的现实，但它仍然会让我们感觉自己的生活不够精彩。

社交健康

好处：

· 和表兄弟姐妹及朋友聊天实在太好玩了！尽管有这么多不同的群体，它却能使每个人都与他人保持着联系。

· 妈妈喜欢与她在印度的合作伙伴保持联系，看看孩子们在那边干些什么。我们都通过 WhatsApp 与国际友人和居住在其他国家的亲人们保持联系。

· 教爷爷奶奶怎么用智能手机或电脑是件特别好玩的事！

坏处：

· 使用手机和玩电子游戏可能会产生很多冲突，尤其是在假期，生活惯例被打乱，矛盾就更突出。这确实影响到整个家庭。

> - 有时我们都窝在自己房间，用自己的电脑，所以会错过彼此在一天中的重要时刻，也没有足够的时间与家人共处。
> - 与朋友和家人在网上交流，这占用了我们大量的时间，而且沟通起来也很有压力——有时它让我们觉得这是个永无止境的全职工作。

第二周：准备行动

这一周是你为家庭改变科技产品使用套餐做准备的时候。到这个点上，你的孩子已经愿意去思考，他们的科技使用习惯会从改变中获益，但他们仍然会不知所措，而且很可能尚未做好行动的准备。他们可能会说："我知道我玩游戏的时间太长了，我的运动受到了影响，但我就是不想减少游戏时间。"

试试通过下列方式去支持孩子：

- 鼓励他们进一步去思考，一份健康的科技产品使用套餐对他们来说有什么好处和坏处。
- 告诉他们，新的科技产品使用套餐能带来的那些好处。
- 对他们可能改变的方式进行头脑风暴。
- 帮助他们思考阻挠改变的潜在障碍。

08 直觉 给你的家庭一份健康的科技产品使用套餐

可以这么问：

- 如果你不减少玩游戏的时间，你做运动的情况会发生什么变化？
- 去年暑假在奶奶家，你能自己控制对社交媒体的使用吗？
- 你怎么能做到既玩电子游戏又不影响你的运动或功课呢？

动机标尺

随着你和你的家庭越来越接近你想要的科技产品使用套餐时，你可能会发现孩子们变得缺少动力了。别着急！评估一下，去了解他们为什么动力不足，这有助于你将他们拉回正轨。

研究表明，一般来说动机减弱有以下两个原因：

第一，你的孩子认为改变不重要。

第二，对于改变的可能性，孩子缺乏信心。

动机标尺在帮助孩子评估改变科技使用套餐对他们来说有多重要，以及在改变面前，他们对自己有多大信心方面，是一个很好的工具。

让你的孩子在标尺上找出他们的分数。他们是不是对自己做出改变的能力缺乏信心？或许他们还在纠结改变对他们来说是否重要？

健康的科技产品使用套餐对你来说有多重要？

0 1 2 3 4 5 6 7 8 9 10

完全不重要　　　　　　有些重要　　　　　　非常重要

你对改变科技产品使用套餐有多大信心？

0 1 2 3 4 5 6 7 8 9 10

完全没信心　　　　　　有点信心　　　　　　非常有信心

如果孩子对他们做出改变的信心不足，低于3分的话，你就得在如何做出改变上多做工作。请他们想一想他们为改变要付出的努力——他们能想象自己的成功吗？对你在他们身上看到的任何进步予以肯定，给予他们特别的支持。给他们讲讲别的孩子做出改变的故事，或你曾经设法做出改变的某个行为。问问孩子，是不是有什么东西妨碍了他们做出改变？并对他们可能面临的问题或障碍给予具体的解决方案，以此来帮助他们树立信心。

问问你的孩子：为什么在对做出改变有多大信心方面选了7分而不是5分？如果要得到8分或9分，还要付出多大努力？这些问题会帮助他们行进在建立自信心的神经通路上，使他们觉得自己真的可以改变。

对你的孩子来说，可能需要不止一周才能使他们的动机到达下一个点，推动他们与家庭其他成员一起采取行动。一旦在重要性标尺和自信心标尺上的得分至少达到 5 分时，说明你的孩子可能已经为进入下一步做好了准备。

第三周：采取行动

这一周要通过制订目标，从准备阶段进入行动阶段了。

通过以下方式支持你的家庭：

- 提醒他们大家是在共同作战，为了取得成功，每个人都得尽心尽力。
- 帮助他们设立 SMART 目标。
- 可以设立一项家庭或团体成员之间健康竞争的挑战，以此增加行动的乐趣。你可以在 www.dolphinkids.ca/techsolution 上进行注册，和朋友、家人一起参与科技使用套餐挑战。在这儿，你会找到很多辅助材料，如保证书或结业证等，你可以把它们打印出来使用，这对保持积极性很有用处。

在这周的一开始，每个家庭成员都需要就他们的科技产品使用提出 3—5 个 SMART 目标。鼓励你的孩子把目标定得简单一些。

所谓 SMART 目标，即：

Specific（具体的）：问问你的孩子，他们到底想达到什么目标以及为什么想达到这个目标。具体目标可以包括减少玩电子游戏的时间，或增加他们在数学游戏和健康应用程序上的时间。

是仅在周末打游戏，这让他感觉错失了机会时，你要提醒他，他为了更好地管理时间付出了多少努力。问问他在学校不落后的感觉是不是很好。你可以建议找一个周末举办一场电子游戏比赛，这既可以使他有盼头，又让他知道，电子游戏并没有彻底退出他的生活，他只是不能天天玩了而已。

你可以通过以下方式支持你的家庭：

- 保持开放的心态，倾听并确认改变所带来的负面影响。
- 强化改变带来的内在回报，包括更好的健康状况、人际关系、创造能力、学业成绩和家庭氛围等。
- 继续激励他们朝着目标前进。

使用"海豚 KEYS"来激励自己

你也可以通过规范自己的行为和沟通方式来帮助孩子，确保他对目标的执着。老实说，你在改变的路上也会遇到挑战和挫折。尽管我们并非故意，但有时往往会把那些不痛快向最亲近的人发泄。

因此我开发了一种四步沟通策略，当孩子努力在生活中做出改变的时候，你可以用它来增强孩子的自我激励能力。我在上一本书《哈佛妈妈的海豚教养法》中介绍过这种所谓"海豚 KEYS"的方法。这种方法我已经用了近二十年，无论在家里，还是在对年轻患者的临床实践当中。KEYS 四步法包含了动机沟通的精髓。

为了帮助你更容易、更有效地与孩子沟通，以下便是海豚 KEYS 的四步法。

Kill：杀死鲨鱼和水母，成为一名海豚父母

不要在紧张的气氛下谈话——你可能想控制局面，与孩子发生争执（惊呆和战斗），最终也许会让你充满挫败感，黯然而退（逃跑）。与此相反，你应该在谈话开始前做几次深呼吸，确保自己冷静下来。

从长远来看，做一个愤怒、咆哮的父母是行不通的。孩子的抵抗就是个信号，说明你该改变方式方法了。我们都知道，你逼孩子逼得越紧——不只是孩子，任何人都是如此——他们的抵抗就越强烈。行为科学告诉我们，当你的目标是说服某人做出改变时，争吵是无济于事的。事实上，它还会适得其反，尤其面对青春期的孩子时，争吵只能使他们原本的信念更加牢固。

因此，如果你发现孩子在跟你大吼大叫时——比如，他振振有词地说"这个电子游戏没那么糟糕"——停下来，去干点别的，把这个问题放一放。记住：你们的目标不是争吵。我知道，由于某个特定问题使你肾上腺素水平飙升时，做到这一点是很难的。这恰恰是为什么你需要先冷静下来，重新整理自己，然后再回到这个问题上的原因。

从压力反应回到内在平衡，我用的是深呼吸的方法，以及诸如洗个热水澡或在大自然中散步、想象等诸如此类的练习。然而，首要的是：尽量避免成为一个睡眠不足、饥肠辘辘、受咖啡因刺激、孤独、久坐不动的家长。不要忘记自我关爱！

Empathize：共情

要表现出你理解孩子并且跟他们站在一边的态度。

我们不能只在孩子表现好的时候才对他们表达爱和接纳。事实上，当他们调皮捣蛋时，我们还能与他们共情，这尤其重要。这并不意味着你接受问题行为，而是在传递一种信号，即你在努力去理解孩子的感受和问题行为背后可能的原因。同理心是对孩子的坏行为、缺点，以及他所有的表现，你都能表露出对他的爱。

向孩子展示同理心有助于在你们之间建立起一种同盟关系，它能使孩子们在遇到问题时，愿意向你寻求帮助。在孩子不听话时，你对他们的接纳，也将有助于改变的发生。同理心还能带来额外的好处——它能提升孩子的自尊心。当他们遭遇痛苦时，可能会感到孤独，并为自己犯下的错误而自责。我们都是从孩子过来的。我常常告诉我的孩子，我也犯过同样的错误，或者有过和他们同样的感受。

以下是一些有关共情的表述，你可以试一试：

- 帮我理解你的感受吧。
- 我能看出来，你现在不想做作业。
- 我能看出来，你很不开心。
- 我能理解，这对你来说真的很难。
- 我希望你也能玩。
- 我不想破坏大家的兴致，但该收拾桌子了。

Identify：认同孩子的目标

既然你现在站在孩子的立场上，那就要认可他们的目标，而不是只关注你自己的。

我们的行为是由我们的愿望来激发的,孩子也是如此,他们需要学习将行为与目标联系起来。既然孩子已经表现出要改进科技使用套餐的愿望,并确定了一些 SMART 目标,那么你就可以通过这些来提醒他们,使他们保持动机。

你也可以帮助孩子去理解,他们目前的科技使用对其他个人目标和价值观会形成怎样的积极或消极影响。挑选一些对孩子来说十分重要的领域,比如,朋友、户外活动、身体活动、睡眠、学校、运动和课外活动等。

尽管如此,有时候利用后果和刺激来影响孩子的行为也是必要的。比如说,最近我就减少了儿子手机使用计划上的数据流量,因为他老是超出限量。我提醒他,这是他的目标,所以他明白我并不是在惩罚他,而是帮助他重回正轨。他知道一旦他做到了,我会增加他的数据流量。这些策略有助于在短期内树立起健康的习惯,但越早鼓励孩子进行内部控制,效果就越好。

Support:支持成功

表现出对孩子有能力完成任务的信任。

记住,当孩子们相信某件事很重要,而且对自己做出改变的能力有信心时,他们就会改变。因此你要鼓励他们相信自己,试着说:

- 我知道你能理解这个。
- 我相信你会找到办法的。

- 我知道我们可以一起解决这个问题。

在你主动着手培养孩子自我激励能力的同时，记住，对他们来说，相信自己有能力取得成功的是非常重要的。

如何在具体情况下运用 KEYS

以下是一些如何将海豚 KEYS 运用于不同情况的例子（我假定你们已经完成了第一步，也就是消灭了鲨鱼和水母）。请记住，这些表达只能是满怀爱意的，不能带有控制、判断、担心或愤怒等语气或情绪。

你的孩子使用屏幕的时间超过了限制："我知道，你正玩得高兴的时候，让你关掉 iPad 不容易（共情），但你的目标不就是要坚守界限，在学习和玩乐之间找到平衡吗（确认孩子的目标）？来吧，我知道你一定能回到你的科技使用套餐目标上来（支持成功）。"

你的孩子不想停止玩电子游戏去做功课："我以前也不喜欢做作业（共情），但你肯定不想因为没完成作业而错过在学校的休息时间吧（确认孩子的目标）。谢天谢地，一旦你下定决心，就能做得很好（支持成功）。"

你的孩子正在看 Netflix 公司的节目，所以他不愿意切换到某个数学应用程序："噢，你今天看起来很累（共情），但要准备即将到来的单元测试，这是个好玩的方法（确认孩子的目标）。你不是一直告诉我，你喜欢用这个应用程序学数学吗（支持成功）？"

提醒你的孩子，他们并不是在孤军奋战。经常和他们一起检查一下目标的完成情况。你也可以与孩子分享你自己的进步，当然还有挫折，并想出一些新的办法来帮助他们保持积极性。

第五周：控制复发，重回正轨

这一周是关于密切关注并对孩子出现的任何复发迹象加以管理，帮助孩子重回正轨的。研究表明，动机是动态的，它具有流动性，并会随着时间推移逐渐减弱。因此为了保持动机，你就得不断对你的努力进行重估，找到提升积极性的方法。回想一下你尝试过的一些养生方法，如新的饮食习惯或运动方式。你坚持了多长时间？是什么妨碍了你做出更持久的改变呢？

在某个时刻，你可能会发现孩子的动机开始减弱，他们甚至想重新回到老路上去。他们也许会说，"寒假期间还要远离科技产品，实在是太难了。我都没什么可做的！"

你可以通过以下方式来支持你的孩子：

- 找出是什么触发了他们复发；
- 想出避免触发因素出现的策略；
- 和孩子一起回顾改变的好处。

你可以这样说，"你做得很好了。在学校里表现得越来越好，在家里和爸爸妈妈也相处得越来越融洽。既然你还想要更独立，想要更多零用钱，你觉得让我帮你找个兼职工作怎么样？"

决策均衡

对你的家庭正在做出的改变进行利与弊的重新思考，这是帮助家庭成员保持动机的有效方式。这里有一个能为你提供帮助的激励动机的工具，我称为"决策均衡"。

你可以先请孩子向你解释他们的一个目标。比如：

- 目标1：减少垃圾科技（如电子游戏和社交媒体）的使用时间，增加健康科技（FaceTime通话或有关正念的应用程序）的使用时间。

在一张空白纸上画一个正方形（如下图所示）。让孩子就改变他的行为和重蹈覆辙两方面内容，填写各自的利与弊。

决策均衡

	新习惯	老习惯
利		
弊		

08 直觉 给你的家庭一份健康的科技产品使用套餐

请孩子列出减少垃圾科技使用的好处：

- 有更多时间与家人和朋友在一起；
- 暴躁和易怒的情况少了；
- 更多当下，更少分心。

请孩子列出减少垃圾科技使用的坏处：

- 更无聊；
- 我实在是怀念打游戏；
- 无法从不舒服的情绪中转移出来。

关于重蹈覆辙，请孩子列出它的好处：

- 会开心一阵子；
- 能暂时忘记我遇到的难题；
- 我喜欢这种熟悉的感觉。

同样地，请孩子列出重蹈覆辙的坏处：

- 我感觉让自己和家人失望了；
- 我知道我可以做得更好的；
- 和朋友在一起的时间变少了；
- 我变得更易怒了。

让你的孩子将图表中的利与弊进行比较，然后问：根据它们对你的重要程度，你怎么将图表中的每一条以满分为 10 来进行排名？

比如，如果与家人和朋友在一起非常重要的话，那它的排名就是10/10。一旦你们完成了排名，请再回顾一下图表，问问孩子：改变你的行为所带来的好处是值得的吗？

第六周：全新的你

祝贺你，你做到了！这一周你要做的就是记录下你的家庭在过去五周所学到的一切，庆祝你们的努力（不管结果如何），并在使用科技产品方面保持良好的沟通。这将有助于你的孩子走上健康科技使用套餐的道路。

研究表明，当我们在习惯和行为方面做出一个积极的改变时，它会在我们生活的其他方面产生涟漪效应。如果你的孩子有更多的离线时间，他们就会开始花更多时间走出家门，置身自然，或练习吉他，或为了乐趣而阅读。对这种改变要及时识别并指出。用一本新书、一张电影票、一个有趣的家庭吉他演奏会，或其他适度奖励来加以庆祝。

还要记住的是，失去动机和故态复萌都是很正常的。请告诉你的家人，研究表明，吸烟者平均要经过七次发自内心的努力，才能最终戒烟成功。如果你没有得到自己想要的结果，请先对你的努力表示满意，稍事休息，然后重整旗鼓。

记住，新习惯的养成，需要在新的神经通路上反复行走大约90天。至少在那之前，与坏习惯相关的神经通路不会瓦解，也就是说，旧习惯随时会卷土重来。因此新习惯的养成，是一个纰漏频出、挫折不断的过程。但是不要退缩或放弃，继续前进！在引导孩子走向目标的路途上，你要坚定，也要灵活，用爱和积极的态度伴随他们前行。毫无疑问，随着时间的推移健康的习惯将会出现。要想回到正轨，耐心、连贯性和韧性都是必要的。

这是重新评估和回顾孩子的动机评估表格、动机标尺、SMART目标和决策均衡等内容的大好时机。讨论一下他们最初的想法，看看事情发生了怎样的变化。你们可以反复使用这些工具，来发现保持并帮助彼此达到健康科技产品使用套餐目标的路径。记住，你一定要坚持使用海豚 KEYS 方法，促成与孩子之间激励式的沟通与交流！

这里还有一些方法来继续鼓励你的孩子做出积极的改变。

使用能够提升孩子自控力的陈述方式：没有人喜欢被指挥着干这干那，即使是对那些善良、聪明、富有爱心的父母的孩子来说，也是如此。当孩子觉得自己被控制或被威胁时，他们就开始反抗。我们每个人心中都有一种渴望自主的强烈愿望。

你可以这样来表达："我不强迫你理解什么是健康的生活方式，我只能做给你看，剩下的你自己做主。"或"我只能在这个家里定规矩，设限制，一旦你开始独立生活了，你就能自己做出选择。"

在给孩子建议之前，先征求他们的意见：很多孩子和几乎所有青春期的孩子都对强加式的建议十分抵触，即使这些建议都出于所谓的"为了你好"！在你给出建议之前，可以先问问孩子他们是不是欢迎你的意见。相信我，这么做的话，事情会顺利得多。

我曾经有个 13 岁的小病人名叫安东尼，他跟一些朋友有矛盾。

这些朋友欺负他，让他成为备受嘲笑的对象。有一天他们在 Instagram 上上传了一张他长着粉刺的不太好看的照片。安东尼的妈妈没有干预，一句话也没说。但当她看到安东尼为此烦恼不堪的时候，她说："亲爱的，告诉我，你想不想知道妈妈面对这种情况会怎么做。"这为安东尼考虑他妈妈的意见打开了一扇门，让他最终向妈妈寻求了建议。

提出开放式的、不带评判色彩的问题： 开放式问题是表达同理心、避免争吵的好方法。要想发现孩子生活中到底发生了什么，这种方法也是大有帮助的。比如，有一次，我儿子参加完一个聚会，我问他是不是每个人都在玩手机，他恼火地回答说"没有"，就再也撬不出半点信息了！所以，第二次，我就简单地问："聚会怎么样？"他回答说："还不错。但我有点为珍妮难过，因为有人在 Snapchat 上上传了一段她不喜欢的有关她的视频。然后其他人在下面发了一些刻薄的评论。"我向他解释，人们常常会在网上说一些他们永远不会在别人面前说的话，这让我们开始谈论良好的网络行为和网络霸凌等问题。

因此你可以这么说："哦，这还挺有意思的，跟我再说说……"，而不是"你应该这样做……"。你要让孩子看到，你是发自内心地对他们的生活感兴趣，而不是老想着去安排什么或改变他们的行为。

改变听与说的比例： 父母总是对孩子说，"来来来，我们谈一谈"，然后大部分时间就是他们在说。那是在上课，不是在对话！因此要把父母对孩子的讲话比例倒转过来，尽量让孩子多说。父母不要滔滔不绝地说健康的科技使用套餐有多重要，而是要让孩子告诉你，为什么它对他们很重要。让孩子告诉你他们在社交媒体上的烦恼，以及他们在网上是怎么与朋友进行互动的。当孩子有了整合思想并将其表达出来的空间时，他们才算踏在了改变的道路上。

讲故事：鉴于我们人类是天生会讲故事的物种，我们的大脑和心脏对故事的反应，要比对上课的反应好得多。比如，我的病人肖曾经告诉她儿子凯文，有一次她被一则朋友在网上传的假新闻骗了，这引发了一场关于如何鉴别网上信息真实性和准确性的谈话。后来，肖又告诉凯文，祖母最近点开了一个可疑链接，从而使电脑感染上病毒时，使用了同样的方法。通过这件事情，肖问凯文，如果他在那种情况下会怎么做，这给了凯文一个机会描述他知道的和不知道的有关网络安全的问题。

我真心希望并相信，这些工具会帮助你和你的家人走向更健康的科技使用方式，也迈向一种更健康的生活。仅仅使用健康科技，就像仅仅食用健康食物一样，并不总是容易的。但是现在你理解了神经可塑性的力量——我们在学习新习惯和做出积极改变方面的无限能力——以及如何将这种认识加以应用。为了从这些信息中获得最大的收获，你只需要冷静下来，听从你的直觉，尊重你和孩子固有的样子，记住，当你关爱自己、与他人联系、用你的激情去创造时，你就处于最佳状态。将本章的内容付诸实践和应用，向着健康的科技使用习惯转变，你会慢慢成为更好的自己。

扫码领取本章配套音频
助你全面掌握六周六步计划

09 一个全新的世界

人类进化的下一步

变革之风吹起时,有人砌围墙,有人造风车。

——谚语

我一直想知道，是什么激励人们去获得成功？我说的成功不是指金钱或地位，而是一种不苟且的生活——一种拥有健康、安全感、激情、意义和快乐的生活。我希望我的孩子能过上这样的生活，所以我一直在问自己，那些在生活中充满激情、快乐和意义的人，和其他人比起来行事有什么不同？是勇气和毅力吗？但我认识很多有勇气的人，他们的生活也不见得有多快乐。那能不能归结为一个很棒的童年？但在我的临床实践中，我也见过越来越多的人，他们童年幸福，现在却仍然受着焦虑和抑郁的折磨，所以这也不是原因。是坚持？是投入？还是运气？到底是什么呢？

最近我想到了我的母亲，她的生活一直富有意义，充满了目标。我想到了物理学家斯蒂芬·霍金，那一代人当中最伟大的科学家。我想到了莉莉·辛格，一个从抑郁中走出来的喜剧演员，征服了深夜中残酷的世界。他们中的每一个人都以自己的方式，优雅地适应着迅速变化的环境。我这才再一次意识到，能使人走向精彩人生的正是这些截然不同的人身上所共同具备的品质：适应性。

如果你听说过英国博物学家达尔文，你会记得他提出了众所周知的进化论，很多人直接将其称为"达尔文主义"。他对加拉帕哥斯雀类的研究——就是那些颜色鲜艳的作为进化象征的小鸟雀，它们的喙大小不一、形状各异，这是出于适应在每一个特定岛屿生存的需要——表明，所有的物种都是通过极小的、经由自然选择的变异进化而来的。这些基因上的调整使鸟、人或细胞配备更优良地去面对竞争和繁殖。这个过程，我们都知道，叫作"适者生存"。但这种措辞引发了很多困惑。

有些人错误地认为，达尔文说的是那些最强壮的、身体上最健康的，或最好斗的才会存活下来。但达尔文并不是这个意思。他的意思也不是指每个人都为自己而活，生命就是一场你死我活的激烈斗争。相反，"适者生存"可以指从最善于伪装到最具有合作精神到最聪明的任何方面。达尔文的意思是，那些活得精彩的人，是能最好地适应给定环境的人。

我逐渐发现，适应性也是推动人类成功的因素。能够活出真我，活出精彩的人，往往是那些面对千变万化的世界，能勇往直前、适应环境、重塑自我的人。

斯蒂芬·霍金将才智定义为"适应改变的能力"，他也确实是这样做的。随着他的双臂活动能力丧失，这位剑桥大学教授开发了一种将他头脑中的问题可视化的方法。有些人认为这种开创性的方法实际上可能导致了霍金最伟大的发现。霍金说，正是在对激情的追求中，他找到了人生的目标和意义。他补充道，如果没有这两个指引力量，人生将会是一场虚空。

09 一个全新的世界 人类进化的下一步

无论到哪儿，不管它是细菌、植物、动物、人、企业、国家还是帝国，你都会发现，造成灭亡和繁荣之间差异的，正是适应性。今天，在这样一个颠覆性的时代里，适应的速度比以往任何时候都要快。我们今天所目睹的变化的速度、复杂性和规模，都是以往从未见到过的。还记得百视达（Blockbuster）吗？昔日那了不起的电影租赁巨头？谁想到杀出个Netflix公司，打破了顾客上门租借电影的理念，将电影邮寄给顾客。十多年后，百视达从行业巨头沦落到按照《美国破产法》第九章宣告破产。随后Netflix又打破自身的模式，转向在线流媒体内容。目前，作为流媒体的创始者，Netflix吸引了全球的关注，这又是另一个颠覆性的变化。

与你的父辈和祖父辈相比，你在数字化时代适应生活的方式是怎样的？苹果手机自2007年投放市场以来，短短5年时间里，全美就有超过50%的人拥有一部智能手机。相比之下，汽车的普及花了45年时间，收音机花了40年，电视机则花了近30年。这就是为什么这个时代如此令人不安：我们此前从未被哪一项革新以这样迅雷不及掩耳的速度冲击过。而且不仅仅是手机——我们生活中几乎方方面面都数字化了，从食品配送到交通再到金融，无所不包。在过去的20年里，我们创造出了用旧处理器永远无法实现的新科技：社交媒体、游戏、机器人技术、AR技术、机器学习，等等。并且，新的内容还在不断加入进来。

问题是，这些革新来得太快，我们根本无法去思考它们的影响。孩子们争先恐后地奔向新科技，就如同它们蒙上了糖霜一样。所以父母们在面对这一切时，很难知道要对孩子说什么。我们几乎没有时间去弄明白，科技正在对孩子的情绪、行为或创造性施加了怎样的影响，更不要说这些新设备与应用程序对孩子正在发育的头脑做了些什么。

然而，在这个数字化颠覆和经济不确定的时代里，要让我们的孩子全副武装，茁壮成长，就要教会他们灵活应变以适应变化。这并不是说，要让他们添加任何出自他们自己选择的新平台或设备，然后再去弄明白这些东西可能对他们有什么帮助或伤害。如果你遵循了本书中所提供的解决方案，孩子们就能学会以健康的、积极的方式去使用科技，这将有助于他们去适应人生丢给他们的任何问题。

但这同时也意味着要帮助孩子学习如何批判性思考、有效沟通和合作解决问题，意味着帮助他们保持和增强创造力与贡献意识。这些 CQ 技能反过来帮助孩子们在成年之后，从容应对他们所面临的一系列挑战——这里面可能包括工作自动化、气候变化、食品安全及住房危机等。

孩子以什么样的方式与世界联系，这会为他们以后的人生定下基调。事实上，它可能有助于解开一个科学上长久存在的谜团。

关爱、联系和创造

尽管我们在理解人类大脑方面已经取得了巨大的进步，但它在很大程度上仍然是一个谜。甚至在我们已经知道的领域，关于如何保持大脑健康与强大方面，也还没有转化为持续性的行动。

我在第一章里说过，当我们的祖先懂得利用火的力量时，大脑的发育便正式启动,原本用来消化食物的能量大部分转而供给大脑。尽管很难确切地知道,火的发明对早期人类行为意味着什么,但我们还是可以推测,人们由此变得更有勇气和创造力,我们所熟知的文化可能也因此而开始成形。为了追捕猎物、采集分散于大草原上的各类植物,我们需要聚在一起分工合作。这种改变为我们的生活带来了哪些快乐呢?我们一下子有了朋友;我们开始分享看法和故事;我们发展了社会价值观。我们相互鼓励,我们互相扶持。我们变得越来越有创造力,一起创作艺术、音乐和舞蹈。我们的生活少了一些本能的恐惧和迷茫,变得更平静、更有意义,也更有趣了。

但是创新和共同生活要求互谅互让。建立同盟、保持忠诚,向部落的其他成员证明我们的价值,这无论是从智力上,还是从情感上,比我们以前所做的任何事情都要困难。这进一步刺激了我们的大脑和神经系统的高度发展。

事实上,最新的神经科学研究表明,人类之所以是社会性生物,不是因为我们有这么大的大脑,原因也许恰恰相反:我们好社交的习性,正是大脑持续进化和增长的一个主要原因。而随着时间的推移,这反过来又使我们变得更具创造性。

从生物学上讲,自我们作为猎人和采集者开始,我们的大脑并没有发生很大的改变。我们或许有外卖和自动驾驶汽车,但我们的大脑仍然被设定为在我们身处自然时、在我们活动身体时、在我们一起劳作,通过尝试不同的新方式来适应千变万化的环境时,才能发挥它最好的功用。对大脑来说,这可以归结为:照顾好自己,否则就会死去;与他人联结,否则就会自己受苦;发挥创造力,否则就会被淘汰。这就是我们的本质。

当我们的孩子与他们的团体紧密相连时，当他们能够探索自己的激情和创造力，并适应全新的现实时，他们就能实现自身独一无二的潜能。在做这一切时，他们的大脑就会充满多巴胺、内啡肽、催产素和血清素，这会让他们感到平静、快乐、投入、有价值。这正是他们的最佳状态。这些实践能使孩子从生存模式转向成长模式，实现健康、茁壮成长。

事实证明，这不仅仅是使孩子健康成长的关键，它也是长寿、幸福人生的关键。我们从神经科学、心理学和进化论等领域汲取知识，花了几千年时间才将它们整合到一起。问题是，虽然我们终于知道了这一切，但我们却常常选择忽视它。我们使自身，也使孩子成为科技产品的牺牲品，这些科技产品通过暗中设计，精心策划，使我们沉溺其中，无法自拔。出于跟随潮流的狂热愿望，我们一心多用、久坐，变得越来越孤独和病态。

新的世界需要新的智慧

尽管自旧石器时代以来，人类已经获取了大量的知识，但如今我们的世界处在一种我称之为"消极进化"的悖论状态。我们从未如此紧密相连，但我们也从未如此孤独。在人类历史上，我们从未有过这样的时刻，指尖一敲，便利和知识随之而来。但我们也从未像今天这样如此紧张或不健康。父母们现在对孩子生活的参与度，过去是没有的，但培养出今天这样不健康的孩子，过去也是闻所未闻。我们使睡眠不足成为有抱负、有野心的象征，却给休息打上了懒惰的记号。我们的孩子不是在自由地玩耍。他们之间没有纽带，他们甚至都不看对方一眼。他们所做的事，我们知道，根本不是他们最需要做的事。科技给我们呈现出另一种二元性——一方面是风险，另一方面是让我们过上最好生活的机会。

科技为我们提供了前所未有的信息获取渠道，并作为一个伟大的平等主义者在发挥着作用，为我们获取信息提供了更平等的途径。然而，焦虑、抑郁、成瘾、形象障碍、注意力不集中、完美主义、过劳的发生率在我们的孩子中不断攀升。这一困境可以归结为：如果我们的孩子不学会如何控制这些新科技，那他们最终将会被科技所控制，这反过来会使孩子缺乏动力、不快乐、不健康。

这项任务迫在眉睫。随着我们迈入一个新时代，我们可能开始利用科技来提升自己——比如，通过植入仿生眼来改善视力，或者通过大脑嵌入设备来减少情绪障碍。科学家们甚至正在设计一种人脑——云界面系统，让人们通过简单的思考，就能立即获得大量知识。通过在科技社会中的共同进化，智人有可能会超越目前人类的局限，成为科技人。

从某些方面来说，科技人的世界已经成为现实。我们每天都在依赖智能手机做出很多决定。算法可能比我们更了解我们自己。多亏了我们的搜索历史，我们的笔记本电脑常常比我们先行一步，它知道我们何时怀孕，何时得了肝癌或支气管炎。

有一些年轻人很好地适应了这个新世界。想想 2018 年在佛罗里达帕克兰一所高中发生的校园枪击案中的艾玛·冈萨雷斯（Emma

González）和其他幸存者吧。在这场造成 14 名学生和 3 名工作人员遇难的屠杀发生几天后，一群幸存者组成了一个流动青少年维权组织，要求改变现状。这些"帕克兰孩子"一举成名，他们既是无辜受害者又富有见识。为了使校园更安全，他们倡导修改枪支法，使那些持反对意见的强大政客和游说家难以招架。他们基于共同的恐惧和痛失好友的经历，发表了深入人心的演讲。他们努力的结果是使数百万人听到了他们的声音。他们的愤怒激发起全国学校大罢课，抗议政府在管控枪支方面的不作为，吸引了超过 100 万名抗议者加入他们的首个重大活动——在华盛顿举行的"为生命前行"的反枪支活动。

在冈萨雷斯身上，我们看到了一个全新的"数字行动主义时代"到来的征兆。有一段时间，这个 19 岁女孩似乎达到了每次张嘴发声都能爆红的程度。她对 Twitter 这样的参与式媒体有着天生的理解，她能够利用 Twitter 与米歇尔·奥巴马（Michelle Obama）这样的公众人物互动。在华盛顿的演讲台上，她默默地站了 6 分 20 秒，任泪水从脸颊上滑落——这与持枪歹徒在学校里实施屠杀的时间完全一致。这是一个非同凡响的政治表达形式。数周之前，还是一个十几岁少女的冈萨雷斯，目睹了她最好的朋友倒在歹徒的枪口下，这使整个事件变得更加不同寻常。

需要指出的是，冈萨雷斯并不只是一个自学成才的社交媒体高手。她还从一个佛罗里达地区学校系统中获益，该系统对艺术、市政及提升性项目给予慷慨资助。冈萨雷斯所在的学校系统推行的是一种"从小就教会孩子即兴演讲的辩论课程"。冈萨雷斯是帕克兰著名的戏剧艺术课成员，同时，她的同伴，同为幸存者的大卫·霍格（David Hogg）则参加了一个具有创新性的、亲身实践式的媒体培训课程。因此，当霍格发现自己和一群同学藏身壁橱内躲避持枪歹徒时，他开始对他们进行采访，以便记录下同学的反应，以告后人。

霍格和冈萨雷斯并没有置身于强调标准化考试和死记硬背的教育系统当中。他们的教育强调的是全商（CQ）：创造力、合作、沟通、批判性思考和贡献。这五个部分其实就是适应性的组成内容，也在部分程度上来自于我在本书中谈过的P.O.D活动：游戏、他人和休息。游戏帮助我们创造，批判性地思考；他人帮助我们学会沟通、合作和贡献；休息则使我们保持健康与强大。

为聪明、快乐、强壮的孩子提供科技解决方案

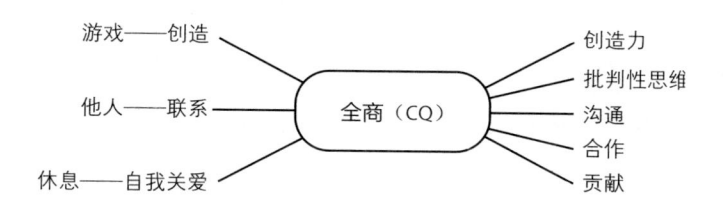

```
游戏——创造                    创造力
                              批判性思维
他人——联系      全商（CQ）    沟通
                              合作
休息——自我关爱                贡献
```

我们的孩子将要继承的世界，会从根本上不同于我们所处的世界。根据预测，到2030年，随着孩子们开始涌入人才市场，将会有大约8亿份工作实现自动化。尽管在具体哪些工作可能会消失这个问题上还存在分歧，但经济学家们似乎一致认为，常规性工作面临的冲击最大。因此，那些能够从容应对的人，将会是那些最有能力使用数字工具，重塑旧工作或创造新工作的人。作为父母，我们的任务就是去帮助孩子做好创新、适应、弹性应对快速变化的准备。

从传统意义上来说，学校和工作是以个人成就为基础的。你回家，你写论文，你准备考试。但是工作的性质正在悄然发生变化。今天，绝大多数高价值的工作都是由团队来完成的。还有一个变化：直到最近，教育的未来都是为了适应 STEM 学科（科学、技术、工程和数学）的需要。这看上去是通往成功的可靠路径，而且曾经也的确如此。但是，越来越多的 STEM 学科的毕业生们发现很难找到工作。技术技能固然重要，但管理者们需要的是那些能将他们的想法有效沟通并启发他人的人。

为了在当今高度社会化、高度竞争、以科技为基础的现代经济中取得成功，我们需要帮助孩子们配备计算机所不具备的东西——也就是有助于他们解决突发状况和应对真实生活压力的 CQ 技能。这意味着，我们要引导孩子远离有毒科技，去拥抱那些提升他们创造力、加强他们内在的社会本质、帮助他们构建爱好和团体的科技。

适应与成功是我们固有的能力

我们现在所处的形势，与 100 万年前早期人类开始学习如何掌控火时的形势，大致是一样的。然而我们的灵长目祖先需要解决的问题是，如何教会他们的孩子安全地处理加热、烟雾和燃烧，而身为科技人一代的父母，我们需要的是引导孩子远离触发压力的科技，远离那些应用程序、网站和网络游戏，它们造成的是由多巴胺驱动的强制性循环，会诱使孩子成为它们的回头客。就像我们的祖先知道，不能指望他们的孩子自己去管理像火这样危险的工具一样，今天的我们也不能指望孩子自己去管理强大的科技工具。

我所接触的父母往往对科技有微妙的看法：他们知道科技的力量，但又担心它带来的风险。几个世纪以来，科技都是如此——它既激发了人类的想象力，也引发了我们对其影响的恐惧。当最早的人类解决了如何掌控火的问题时，火作为工具，改变了整个人类文化。而今天，同样的事情也正在上演。

互联网正在将阻碍人们获取知识和其他更多东西的壁垒一一瓦解。科技在很多方面改善了我们的生活，但由于我们正处于变革时代的混乱当中，因此我们无法充分看到事物的另一面。这可能令人恐惧，但也让人兴奋。

除此以外，科技还帮助我们了解自己，更好地理解我们的神经化学系统，以及人类大脑的工作方式。当我们懂得，我们是如何将自己的体验加以代谢时，我们就可以利用这些知识做出明智的选择。

大自然赋予我们神经可塑性，给予我们创建新习惯的能力，帮助我们在变化的世界中游刃有余。我们可以教孩子运用释放内啡肽、催产素和血清素的健康科技来打造神经通路。我们可以教孩子避免使用那些导致皮质醇释放的科技，并限制那些导致多巴胺循环失调的东西。我们可以教孩子像理解食物消费一样来理解科技消费。这种科学，和这些解决方案，存在于我们每个人的内心。不管别人对你说你孩子的能力如何，也不管你在人生历程中会遇到什么阻碍，任何人任何时候都可以使用它。当我收到我孩子存在学习障碍的诊断书，当我面对我自身病痛的不断恶化，我也需要用这个来提醒自己。相信你天生的解决能力——相信直觉的力量、神经可塑性和我们内在的反馈回路。相信美丽的、智慧的、有创造力的人类力量。

如果你遵循本书列出的建议，你就能赋予孩子以健康、强大的方式使用科技的能力。他们将学会适应新的科技生活抛给他们的任何东西，并优雅地迈向人类发展的下一篇章。

很难想象，从政治、文化、教育再到人类大脑，我们的世界有哪一个方面是科技无法改变的。我们旧石器时代的祖先，在思考由火所产生的变化时，恐怕也要说出同样的话。为了在一个不断变化的世界中健康茁壮成长，我们的孩子需要的正是我们的祖先所做过的事情：自我关爱、相互联结和创造力。我们所面临的挑战是全新的，但是，答案却由来已久。认识你自己，爱护你自己。归根到底就是这样一句话。

家庭屏幕使用备忘录

身为父母,我们最重要的任务之一就是帮助我们的孩子,准备好步入家庭和团体之外的世界。对科技在孩子的生活中成为有益的还是有害的力量,你是可以施加影响的。

通常,我们允许孩子出于娱乐的目的来使用科技产品,并不是将其作为工具,为他们的成长和发展提供帮助。记住,孩提时期形成的习惯是孩子未来所有行为的基础。一些简单的事情,比如睡个好觉、在日常生活中留出休息时间、在积极使用科技和现实世界的交流之间取得平衡,都会对孩子的行为和感受产生巨大的影响。

你的孩子是天生的社交动物,生来就与家庭和朋友相联结,对周围的人充满好奇。父母帮助他们去探索爱好与创造力,这能使孩子发现他们独一无二的潜能。联结和创造赋予孩子的人生以目标和意义,使他们那正在发育的大脑充满多巴胺、内啡肽、催产素和血清素,这些都是快乐的神经化学物质!

这就是为什么他们会感到平静、快乐、心无旁骛、充满价值。这是他们的最佳状态。这不仅仅是成为健康孩子的关键,也是长寿、健康和快乐生活的要诀!

在以下重要领域建立起健康的习惯：

规律的睡眠；

均衡的膳食；

充足的水分；

有规律的锻炼；

常规性游戏；

充足的联系与爱。

为孩子建立起健康的科技产品使用习惯：

尽量延迟！青春期之前不要接触电子屏幕！或者等到 8 年级再说！

在时间管理、情绪管理、社交技能方面练就基本功之后，再考虑引进科技产品的问题。

教孩子将科技产品作为工具而非玩具来使用。

记住，如果孩子没有以健康、负责的方式使用平板电脑和智能手机，你可以将它们定期收回。

独处时不应使用科技产品。

科技产品的使用应置于日常活动之后，而非相反。

家庭条例：

将餐桌、车内、卧室等设为无电子屏幕区域。

设定无电子屏幕时间，特别是一家人坐在一起吃饭时、做家庭作业时、阅读时和睡觉时。

在一个开放性区域设置家庭充电站。

不用科技产品的时候，请将屏幕关掉，包括背景电视在内。

教你的孩子至少在睡前两个小时远离电子屏幕，可以考虑晚上9点后关掉家里的无线网络。

关闭家中所有电子设备上的提示窗口和自动播放功能。

设置一天"无数码产品日"。

失去健康的科技使用习惯是很正常的事情，所以原谅自己，重整旗鼓，再度出发！

避免有毒的科技：

避免那种可能触发皮质醇释放的科技使用，它会导致压力、上瘾、社交控、攀比、完美主义、一心多用、网络霸凌、社会冲突、孤独、不良姿势、久坐、睡眠缺乏等问题。

限制和监管垃圾科技：

对那些刺激多巴胺释放的科技使用进行限制和监管，比如打游戏和上社交媒体等，对潜在的成瘾要保持警觉。

消费健康科技：

鼓励孩子使用那些通过休息和自我关爱释放内啡肽、通过与他人进行富有意义的联系释放催产素、通过游戏和创造力释放血清素的科技。

致 谢

我相信，我们所有人都被一种普遍的力量联系在一起，这股力量激励着我们为更大的利益而努力。我在人生当中受教于许多人，也得益于许多人的帮助，对他们所给予我的爱与知识，我深表感激。

这本书的完成，离不开一支了不起的队伍，他们对此给予了最诚挚的关怀，贡献了最卓越的才干。首先，我必须感谢我无畏的编辑劳拉·多斯奇（Laura Dosky）和联合作者南希·麦克唐纳（Nancy Macdonald）。这本书满载着你们高尚的气度和杰出的思想，你们所做的一切值得骄傲。尼克·加里森（Nick Garrison），谢谢你将大家团结起来，并对我最新使用的隐喻表示信任！我的经纪人，吉姆·莱文（Jim Levine），你给了我成为作家的机会，对此，我永远充满最深的敬意和感激。感谢企鹅兰登书屋（Penguin Random House）、莱文格林伯格罗斯坦文学代理公司（Levine Greenberg Rostan）和海豚宝宝（Dolphin Kids）团队：感谢这些面向未来的领导者们，在从未有过的短时间内帮助扶持和推出这本书。谢谢你们，埃莉丝·科克兰（Elyse Cochrane）、阿曼·马尔霍特拉（Aman

Malhotra）、贾斯汀·贝恩斯（Justin Bains）、阿尼克·克勒（Aanikh Kler）、安曼·克勒（Amaan Kler）和佐拉瓦尔·苏奇（Zoravaar S. Sooch），谢谢你们极富见地的研究、评论和佐证。对我身后大量的医疗保健专业人员、我的婆婆、我的大家庭、还有无微不至的朋友们，我将致以永恒的感激，在我罹患疾病的这些年里，是你们帮助我重建身心的健康。乔·迪斯彭扎博士（Dr. Joe Dispenza）、斯奈特·考尔（Snatam Kaur）和赛琳娜·泰勒（Selina Taylor），谢谢你们给予我这样一份爱与治愈的大礼。

吉万·坤坤（Jeevan S.Khunkhun），我最亲爱的丈夫，一如既往地作为我的头号粉丝和知己。谢谢你，吉万，为我人生最黑暗的日子带来光明。谢谢我的孩子们，乔希、贾埃弗和吉尔，你们是这本书的灵感源泉。对你们怪里怪气的妈妈来说，你们的拥抱、亲吻、纯洁的心灵和毫不动摇的支持无数次地激励着我。这本书诞生于全世界的父母与教育者的关注中，他们勇于质疑并寻求答案。我衷心地感谢他们，因为无论别人在做什么，他们都未曾放弃自己的孩子。

图书在版编目（CIP）数据

屏幕时代，重塑孩子的自控力 /（加）希米·康著；张晶译. —上海：上海社会科学院出版社，2023
书名原文：The Tech Solution: Creating Healthy Habits for Kids Growing Up in a Digital World
ISBN 978-7-5520-3996-2

Ⅰ.①屏… Ⅱ.①希… ②张… Ⅲ.①家庭教育 Ⅳ.① G78

中国版本图书馆 CIP 数据核字（2022）第 203787 号

THE TECH SOLUTION: Creating Healthy Habits for Kids Growing Up in a Digital World
by Dr. Shimi K. Kang
Copyright © 2020 by Shimi K. Kang
Simplified Chinese translation copyright © 2023 by Beijing Green Beans Book Co., Ltd.
Published by arrangement with author c/o Levine Greenberg Rostan Literary Agency through Bardon-Chinese Media Agency
All rights reserved.

上海市版权局著作权合同登记号：图字 09-2022-0912 号

屏幕时代，重塑孩子的自控力

著 者：	［加］希米·康
译 者：	张 晶
责任编辑：	周 霈
特约编辑：	徐 昕
封面设计：	主语设计
出版发行：	上海社会科学院出版社
	上海顺昌路 622 号　邮编 200025
	电话总机 021-63315947　销售热线 021-53063735
	www.sassp.cn　E-mail: sassp@sassp.cn
印 刷：	北京米乐印刷有限公司
开 本：	710 毫米 ×1000 毫米　1/16
印 张：	19.75
字 数：	202 千
版 次：	2023 年 3 月第 1 版　2023 年 3 月第 1 次印刷

ISBN 978-7-5520-3996-2/G·1215　　　　　　　定价：58.80 元

版权所有　翻印必究